D1238571

Смэк

Смак

Андрей МАКАРЕВИЧ

ВСТРЕЧИ НА КУХНЕ

Лучшие рецепты от артистов, певцов, юмористов и просто хороших людей

1998

ББК 34.4
М 15

Макаревич Андрей Вадимович

М 15 **Смак. Встречи на кухне.**— М.: «ТРИЭН», «Эксмо-пресс», 1998.— 128 с.: илл.

СМАК — это Самая Массовая Ассоциация Кулинаров. Книга «СМАК» познакомит вас с лучшими рецептами от самых разных людей: артистов, певцов, юмористов и серьезных писателей. Андрей Макаревич говорит: «Давайте приглашать друзей к себе почаще, а уж как накрыть стол, я вам подскажу». Мы приглашаем вас на «кухню» к Андрею Макаревичу.

ББК 34.4

ISBN 5-7961-0032-7
ISBN 5-04-002230-1

Не хочу никого разочаровывать, но никакой я, конечно, не повар. В профессиональном смысле. И профессионалу эта книга ни к чему. Она для дилетантов. Я уверен — хорошо готовить умеет любой мужик (за женщин не поручусь) просто не все об этом догадываются. Чтобы помочь вам открыть на себя глаза, я и придумал четыре года назад программу «Смак». Эта книга написана по ее следам. Любители аббревиатур могут расшифровать «Смак» как «Советы Макаревича». Хотя, если мы откроем словарь Даля, мы увидим, что в русском языке слово «смак» имеет два значения: первое — это вкус, и второе — сущность, смысл, толк или польза. Нам подходят оба.

Не воспринимайте эту книгу как сборник рецептов по кулинарии — сейчас издано довольно много кулинарных книг. Я просто хочу, чтобы мы сами себе вернули традиционный праздник русского застолья, который за последние годы медленно, но верно превращается во что-то, что можно определить словами «выпить-закусить». Страшное слово «общепит» за годы советской власти превратило культуру трапезы в утоление биологических потребностей. Хотя и в лучшие годы искусство приготовления пищи искусством почему-то не считалось. Это меня всегда удивляло. Посудите сами — осознанное

воздействие художника на наш слух называется музыкой и имеет отношение к искусству. Воздействие на зрение — это живопись, и это тоже искусство. А воздействие сразу на обоняние, вкус и зрение к искусству отношения почему-то не имеет. Обидно!

Я не знаю, в какой стране кроме нашей так живы традиции застольного гостеприимства, причем это справедливо для всех стран бывшего Союза, кроме разве, может быть, стран Прибалтики. Эти традиции берут начало в глубокой языческой древности, задолго до прихода христианства. Считалось обязательным накормить и принять путника, т. к. вместе с ним могла вернуться душа умершего в этом доме человека. И по сегодняшний день гостя нигде так не принимают, как у нас. Американец скорее всего пригласит вас в ресторан. Во многих американских домах кухня носит чисто символический характер. Немец тоже пригласит в ресторан. С той только разницей, что вам, видимо, придется за себя заплатить. А уж если вас позвали в дом, да еще жена хозяина приготовила какой-нибудь соус, будьте уверены, что это знак самого высокого к вам расположения. А у нас в дом зовут в первую очередь. И не из-за того, что не хватает ресторанов. И это очень здорово. Потому что дома теплее, люди становятся ближе друг другу, решают все вопросы и вряд ли станут завтра друг с другом воевать.

Так вот, речь пойдет о приготовлении пищи. Я приглашал к себе на кухню людей, которых вы знаете, любите. Вы встретитесь с известными музыкантами, артистами. Словом со звездами. Многие из них —

великие непрофессиональные кулинары. Я просил их поделиться своими знаниями и умениями с вами.

Предвижу некоторые вопросы и даже возражения. Скажем, такие: рубль дешевеет, страна голодает, а эти здесь еще и выпендриваются! Хочу ответить сразу — во-первых, не надо истерики. Не так страшно, как пугают. Во-вторых, я буду рассказывать о самых простых и доступных вещах и не собираюсь учить вас фаршировать рябчиков ананасами (хотя тоже ничего штучка). И в-третьих, если в это непростое время мы сами не сделаем себе праздник, нам его не сделает никто. Я вправе об этом говорить, потому что сам в свое время через все это прошел. Я ведь таким гурманом не родился. У нас в семье к еде относились как к необходимости, никакими вкусностями и не пахло. А потом, где-то в 74-м, в «Машину времени» пришел звукорежиссер — Саша Катамахин, который оказался уникальным кулинаром. Он коллекционировал специи, ему их привозили со всего мира. И он был великий импровизатор по части приготовления различных неординарных блюд. Он и меня заразил этим делом, а я в свою очередь очень хочу заразить вас. Не бойтесь импровизировать! Сверяясь со справочником, отмеряя граммы и непрерывно глядя на часы, вы ничего хорошего не создадите. Искусство по справочнику не делается. Доверяйте своим ощущениям, и все у нас получится! Вперед!

Ваш А. Макаревич

Раймонд ПАУЛС

Очень часто артисты, которых я приглашаю в «Смак», машут в ответ руками и кричат: «Да что вы, что вы, я вообще не готовлю, я не умею готовить, я и понятия не имею, как это делается!». А в конце съемки, уже после того, как я сказал операторам: «Стоп!», кричат: «А вот еще один рецепт!». И выясняется, что человека, который вообще в жизни ни разу ничего не приготовил, не существует. Поэтому, когда маэстро Раймонд Паулс сообщил мне, что он не умеет готовить, я не очень-то удивился. Не впервой было мне это слышать. Но когда камеры включили и Раймонд повторил свое признание, присовокупив, что все в доме делает жена, я ему поверил, ибо у него было очень правдивое выражение лица. Честно сказать, я настолько люблю и уважаю этого человека за то, что он сделал в сегодняшней эстрадной музыке, что, в принципе, могу простить ему неумение готовить. Тем не менее мы в течение передачи вдвоем с ним сделали невозможное. Мы общими усилиями создали салат, который назвали «Маэстро». По-моему, салат этому названию вполне соответствует.

Итак, рассказываю. Исходные продукты: креветки, яйца, рис, лук, шампиньоны и майонез. Для начала ставим варить яйца, отдельно варим рис, отдельно — креветки. На сковородке в растительном масле обжариваем шампиньоны. Лук чистим и режем на небольшие кусочки. После того как креветки сварились (ни в коем случае не переваривайте их, если не хотите получить вместо креветок кусочки резины), нужно их почистить вручную. Если они с головой, головы необходимо оторвать.

После того как рис сварился, его надо остудить. Жареные шампиньоны следует помельче нарезать. Затем мы достаем вареные яйца, чистим их и тоже режем мелко. Все продукты должны быть примерно в равных пропорциях.

Однако это совершенно не обязательно, и в зависимости от сочетания количества каждого продукта всякий раз у вас будут получаться разные салаты под общим названием «Маэстро».

Итак, остудив все компоненты, соединили их вместе, добавили майонез и перемешали. Это и есть салат «Маэстро».

Исходные продукты:
шампиньоны;
креветки;
яйца;
рис;
лук;
майонез.

Людмила КАСАТКИНА

Применительно к Людмиле Касаткиной никаких других определений, кроме довольно пошлого словосочетания — «живая легенда», мне на ум не шло. Соответственно и от рецепта ее я ждал чего-то значительного и, может быть, даже исторического. Ждал и, между прочим, не ошибся. Людмила Георгиевна принесла секрет приготовления сразу двух блюд, авторство которых приписывается Шаляпину. Это — особые щи и особые макароны. Основным компонентом в обоих этих блюдах являются грибы. Не какие-нибудь искусственно выращенные шампиньоны, а наши лесные грибы — белые и подберезовики. Говорят, что Федор Иванович Шаляпин, находясь в эмиграции, создал два этих шедевра, тоскуя по родине. И специально посылал людей собирать грибы на польскую границу. Очень даже возможно. То, что Шаляпин был изрядный гурман и всем кухням предпочитал русскую, общеизвестно. Впрочем, в нашу задачу не входит сейчас восстановление исторической справедливости, давайте обратимся лицом к плите!

ШАЛЯПИНСКИЙ ОБЕД

Блюда эти хороши еще и тем, что готовятся практически одновременно, как бы «в связке». Так что в результате у вас на столе — завершенный обед. Нам потребуются: грибы, сушеные или свежие (лично я рекомендую сушеные — они дают больший аромат), свежая капуста, морковка, ветчина, сыр, чернослив. Рецепт довольно простой. В большой кастрюле с большим количеством воды мы варим грибы. Почему в большой, объясню чуть позже. Если это грибы сушеные, то варятся они не менее часа. Не рекомендую, чтобы вода при этом бурлила. Пусть лучше томятся на небольшом огне. Если грибы только что собраны, варить их нужно меньше. Запах и состояние гриба подскажет вам, когда надо остановиться. После этого шумовкой вынимаем грибы, а получившийся грибной бульон разливаем на две кастрюли в соотношении 1:1. Половина бульона пойдет на щи, половина — на макароны. Пока варятся грибы, можно провести предварительную работу с остальными

продуктами. Капусту, примерно полкочана, нужно нарезать тонкой соломкой так, как обычно режется капуста на щи. Такой же соломкой надо нарезать ветчину; морковку и сыр лучше натереть на терке. Выловленные из бульона грибы (после того, как они остынут, разумеется), мы режем такой же соломкой, как капусту, и делим на две порции. Теперь основной процесс. В грибную воду мы бросаем макароны, можно в этот момент их подсолить, хотя, на мой взгляд, это можно сделать и позже. На сковороде с растительным маслом мы обжариваем половинку наших нарезанных грибов, ветчину; после того, как на ветчине образуется румяная корочка, добавляем морковь. На другой сковороде вторая половина грибов и вторая половина моркови тушатся со сливочным маслом при закрытой крышке. В другую кастрюлю с уже подсоленным грибным бульоном высыпаем нарезанную капусту, спустя несколько минут добавляем со сковородки грибы с морковью (те, которые тушились в сливочном масле), все это кипит, а, на мой взгляд, лучше томится, три минуты, затем кладем туда чернослив — и шаляпинские щи готовы.

Исходные продукты:
грибы (лесные); капуста; морковь; чернослив; ветчина; сыр; макароны; соль; сливочное масло.

Что касается второго блюда, то после того как макароны сварились, грибную воду мы сливаем (вот жалость-то!), добавляем к макаронам обжаренную ветчину с морковью, все мешаем, посыпаем сыром, а потом выкладываем в неглубокую посудину и ставим в духовку на несколько минут, до того момента, как сыр расплавится.
Такой вот шаляпинский обед. Действительно, очень просто, оригинально и совсем недурно.

О РЫБЕ

Часто мне встречаются люди, заявляющие: «А я рыбу вообще не ем». Ручаюсь, что все они когда-то съели испорченную или плохо приготовленную рыбу. Меня самого в детстве пичкали рыбьим жиром, и я до сих пор не могу вспоминать об этом без судорог.

Действительно, рыба — куда более нежный продукт, чем мясо, и испортить его проще.

Но этим он и ценнее, не так ли?

Итак первый (он же последний) критерий качества рыбы — свежесть. Как справедливо заметил Воланд, второй свежести не бывает. В жаркий день свежая рыба уже к вечеру может дать запашок. Рыболовам это хорошо известно. При температуре около нуля, т. е. лежа во льду, рыба сохраняется несколько дней, не превращаясь при этом в мороженую. Это очень важно, ибо рыба свежая и рыба мороженая — два совершенно разных продукта. В былые времена с Волги в Москву везли осетров на подводах со льдом, вкладывая им в рот и жабры тряпицу, смоченную водкой. И они доезжали до златоглавой не только свежими, но зачастую и живыми (и наверняка пьяными).

Первый признак, что рыба «поехала» — цвет жабер. Они из красных становятся белесыми. Если при потрошении ребра сами отделяются от мякоти — лучше отдайте эту рыбу врагу. Ну и, конечно,— запах. Тут ошибиться трудно. И если он вызывает даже легкие сомнения — не рискуйте. В процессе готовки этот запах только усилится.

Если мы имеем дело с мороженой рыбой — будьте бдительны. Ибо не всегда термин «свежемороженая» соответствует действительности. Чтобы не попасть на тухломороженую — обратите внимание на три вещи. Взгляд рыбы должен быть ясным и прозрачным, поза — естественной и непринужденной, а чешуя — блестящей. Если глаза рыбы похожи на вареные, а тело сплющено и изогнуто в нескольких местах — ну ее к черту, эту рыбу.

Далее, если вы не хотите, чтобы ваш продукт после разморозки превратился в тряпку — размораживайте рыбу МЕДЛЕННО. Чем медленнее, тем лучше. Лично я перекладываю рыбу из морозильника в холодильник, оставляю ее там на один день и лишь потом выставляю на комнатную температуру. Если вы размораживаете рыбу при помощи воды — это должна быть только ледяная вода. Хотя и этого я вам не советую.

ФАРШИРОВАННАЯ ФОРЕЛЬ

Исходные продукты:
форель;
зелень: тархун, кинза, петрушка;
соль; черный перец;
чабрец; мука;
растительное масло;
чеснок.

Теперь рецепт. Возьмите форель — не большую и не маленькую, в размер сковородки. Почистите и выпотрошите ее. Изрубите зелень — тархун, кинзу и петрушку. Набейте этой смесью брюшко каждой рыбки. Далее — два пути. Если у вас есть мангал с решеткой, то рыба посыпается солью и черным перцем и жарится на углях. Если это плита — смешайте муку, соль, черный перец и чабрец в пропорциях, которые подскажет вам сердце (я на две части муки беру одну часть чабреца). Обваляв рыбу, жарим ее на полном огне в кипящем растительном масле (впрочем, можно и на сливочном). Перевернуть один раз аккуратно, сохранив корочку. За 15 секунд до готовности выдавить сверху немного чеснока с помощью чеснокодавилки. Подавать тут же и целиком.
Ну, кто там не любит рыбу?

Святослав БЕЛЗА

Святослав Белза — человек изящный и утонченный, предложил рецепт блюда, исторически обоснованный. Это салат под названием «Клеопатра». Святослав утверждает: салат этот ела сама Клеопатра, что помогало ей сохранить свежесть кожи и красоту. Мне трудно судить об этом, я, в конце концов, не женщина. К тому же неясно, где Клеопатра брала геркулес «Экстра», необходимый для приготовления этого салата. Впрочем, давайте попробуем воспользоваться рекомендациями Святослава Белзы.

САЛАТ «КЛЕОПАТРА»

Нам понадобится, как я уже сказал, геркулес «Экстра», морковь, яблоки, изюм, чернослив, мед и сметана. Четыре столовые ложки геркулеса заливаем молоком так, чтобы слегка покрыть поверность геркулеса и оставляем его набухать. Две моркови натираем на мелкой терке, трем яблоки на крупной терке, все смешиваем с набухшим геркулесом, добавляем две столовые ложки сметаны, изюм, мелко нарезанный чернослив (штук 5—6) и две чайные ложки меда. Все это надо перемешать и украсить сверху абрикосами. Попробуйте, женщины! У меня лично нет никаких оснований не доверять такому человеку, как Святослав Белза.

Исходные продукты:
геркулес «Экстра»; морковь; яблоки; изюм; чернослив; мед; сметана; молоко; абрикосы.

Юрий НИКОЛАЕВ

Честно говоря, Юрий Николаев, притом что мы хорошо знакомы много лет, не производил на меня впечатления человека, который любит поесть, тем более что-то приготовить. Я всегда завидовал его конституции. Тем не менее на программе он появился весьма уверенно и предложил свой способ приготовления печенки.

ПЕЧЕНКА ПО-НИКОЛАЕВСКИ и КАРТОФЕЛЬ

Исходные продукты:
печень; молоко; мука; лук; соль; перец; сахар; оливковое масло; картофель; сливочное масло.

Юра нарезал печенку не очень тонкими ломтиками, толщиной примерно по 2 см. Затем проделал в каждом кусочке отверстие. Чтобы не отбивать, сказал он. Меня это уже несколько удивило, потому что, будучи нежным продуктом, печенка, если она, конечно, не заморожена со времен ледникового периода, ни в какой отбивке не нуждается. Я, впрочем, согласился, потому что хуже она от этого не станет. Дальше он сделал вещь для меня совершенно неожиданную: ломтики печенки положил в молоко. Ненадолго, на 5 минут. Это было уже что-то принципиально новое. А дальше все шло как у меня. Он насыпал в тарелку муку, добавил туда соли и перца, перемешал, разогрел на сковороде оливковое масло, обвалял печенку в муке и положил на сковородку. Жарится печенка моментально. При максимально включенной горелке приблизительно 2—3 минуты на одной стороне. После того как печенка была перевернута на другую сторону, Юра добавил лук. Это тоже несколько отличалось от того, что предпочитаю делать я, потому что лук все-таки лучше спокойно поджарить на отдельной сковородке, добавив к нему немного сахара, если кто любит, и немножко муки.
Когда лук жарится вместе с мясным продуктом, очень трудно приготовить их одновременно. Можно либо недожарить мясной продукт, либо пережарить лук. Николаеву повезло. Может быть, здесь действительно сказался какой-то даже мистический опыт. Лук поджарился как раз к тому моменту, когда печенка была готова, а готова печенка тогда, когда

снаружи покрыта румяной, хрустящей корочкой, а внутри сохраняет девственную свежесть и необыкновенно вкусный розовый печеночный сок. Но это не значит, что она совсем сырая. Такое промежуточное состояние между сырой и пережаренной печенкой надо зафиксировать и запомнить навсегда, потому что ни до, ни после этого печенка в тарелке за столом ничего из себя хорошего не представляет. В качестве гарнира Юра Николаев предложил вареную картошку. Картошку для варки он сначала мелко порезал, чтобы она была готова одновременно с печенкой. Сваренная картошка была слита, размята в плошке и разложена на тарелки с добавлением сливочного масла. Хотя, на мой взгляд, жареная печенка с луком достаточно хороша и без гарнира. Но, очевидно, есть еще какие-то традиции, и я не буду вам навязывать свой вкус.

Целую. Андрей.

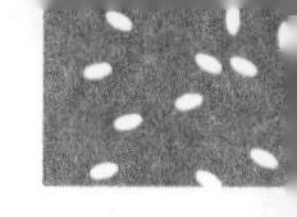

О РИСЕ

Похоже, рис — самая распространенная и, возможно, самая древняя из всех возделываемых на Земле культур. Уже за это перед ним стоит снять шляпу. Это на Руси предпочтение отдавали хлебу (да и то из-за того, наверно, что рис у нас не очень-то вырастишь), а весь необъятный Восток, вся огромная Африка — это прежде всего рис. В Японии и Китае рис с успехом заменяет хлеб, а для большей части населения — почти все остальное. Рис абсолютно универсален. Из него делают крахмал, а из крахмала — сотни видов вермишели. Из-за своих абсорбирующих свойств (извините за умное слово) рис — постоянный компонент всяческих диет. Он сытен и при этом малокалориен, он абсолютно нейтрален сам по себе и при этом прекрасно вбирает любую краску, любой вкусовой оттенок. Именно поэтому он служит незаменимым фоном для острых и ароматных восточных блюд. В Китае пресный рис подают к столу в обязательном порядке и им «разбавляют» мясные и рыбные кушанья. А если, не дай бог, у вас расстроился желудок, то рисовый отвар — народное средство номер один.

Существует множество сортов риса, но в двух словах об этом не расскажешь. В Японии, например, высококачественный сорт риса для «суши» стоит бешеных денег. Тамошние кулинары различают десятки видов риса. У нас проще: рис делится у хозяек на «длинненький» и обычный. Первый легче сохранить рассыпчатым, то есть не превратить в кашу, но, на мой взгляд, он менее вкусен.

Есть несколько способов ПРАВИЛЬНО сварить рис. Те же японцы изобрели специальные кастрюльки с двойными стенками, и рис в них не бурлит, а парится. У нас таких кастрюлек нет. И основная задача — взять столько воды, сколько впитает в себя сам рис к моменту готовности. Если хозяйка льет в кастрюлю воды от вольного, потом откидывает рис на дуршлаг и еще промывает водой — гнать ее от плиты. Разжаловать в уборщицы. А делается все очень просто. Помойте рис (бог знает, где он валялся), положите в кастрюлю и налейте столько воды, чтобы она покрывала его на высоту одной фаланги указательного пальца. (Если вам противно опускать палец в кастрюлю — воспользуйтесь линейкой. Это примерно 2 см.) Накройте крышкой, и как только вода закипит — убавьте огонь до минимума. Минут через 10—15 вода уйдет в рис, он останется рассыпчатым, а если вы не упустите момента, то еще и не подгорит.

ПЛОВ

Итак, плов. Даю базовый рецепт, оставляя свободу для творчества. Взять: 1кг риса, 1кг моркови, 1кг лука и 1кг мяса, желательно без костей. Я люблю говядину. Рис предварительно хорошо промыть и оставить в подсоленной воде часа на два. Налить в казан (увы, без казана будет сложно) растительное масло — приличное количество, граммов 200. Сильно его накалить — до появления синеватого дымка (вообще плов — дымное дело.) Огонь на максимуме! Сначала туда идет мясо, порезанное на куски, не очень маленькие. Осторожно, не ошпарьтесь! Масло забурлило как безумное и стало мутным — это из мяса выходит вода. Помешивайте все время! Как только масло снова стало прозрачным — пора запускать туда морковь и лук. Причем лук можете порезать как вам угодно, а морковь — непременно тонкой соломкой. Это соединение трех компонентов носит название ЗИРВАК и может томиться довольно долго. Но на самом деле как только морковь стала жел-

Исходные продукты:
рис — 1 кг;
морковь — 1 кг;
репчатый лук — 1 кг;
мясо — 1 кг;
растительное масло — 200 г;
соль;
специи: зира, красный перец, барбарис, шафран и др.

той и мягкой и почти сравнялась по состоянию с луком — пора закладывать соль, специи, а затем и рис. Основные специи — зира, красный перец, барбарис, шафран. Остальные — по вкусу. Рис укладывается сверху (не вздумайте мешать!) ровным слоем, и — внимание! — самое великое искусство - долив воды. Вода берется горячая и влить ее надо столько, чтобы она чуть-чуть покрывала рис. Это количество надо почувствовать. Пару раз опозоритесь и опыт придет. Теперь казан накрываем крышкой и убавляем огонь. Плов будет готов минут через 30. Тогда можно досолить рис и шикарно вывалить плов на большое блюдо — мясо окажется наверху. К плову подают мелко нарезанный салат из свежих овощей. И ничего больше. Зеленый чай и водка — по вкусу.

Татьяна ОВСИЕНКО

Таня Овсиенко оказалась на поверку на удивление хозяйственным человеком. Видно было, что на кухне она себя ощущает в своей тарелке. Поскольку родом Татьяна с Украины, мне был предложен рецепт украинского борща. Не очень простое дело, но результат стоит усилий.

УКРАИНСКИЙ БОРЩ

Нам потребуется: примерно килограмм мяса, чуть меньше капусты, 2—3 картофелины, примерно полкило свеклы, чуть меньше помидоров, еще меньше свиного сала, 2 головки лука, 2—3 дольки чеснока, половинка лимона, 2 столовые ложки томатной пасты, соль, перец по вкусу, лавровый лист, зелень и сметана. Начнем сначала.
Сначала нам следует сварить мясной бульон. Хорошо, когда мясо с косточкой, не забудьте снять пенку. Пока варится бульон, нужно тщательно и аккуратно нарезать овощи. Таня предлагает резать соломкой,

Исходные продукты:
мясо — 1кг;
капуста — 800 г;
картофель — 2–3 шт.;
свекла — 500 г;
помидоры — 200 г;
свиное сало — 40 г;
репчатый лук — 2 шт.;
чеснок — 2–3 дольки;
лимон — 1/2 шт.;
томатная паста — 2 ст. л.;
соль; перец;
лавровый лист;
зелень; сметана.

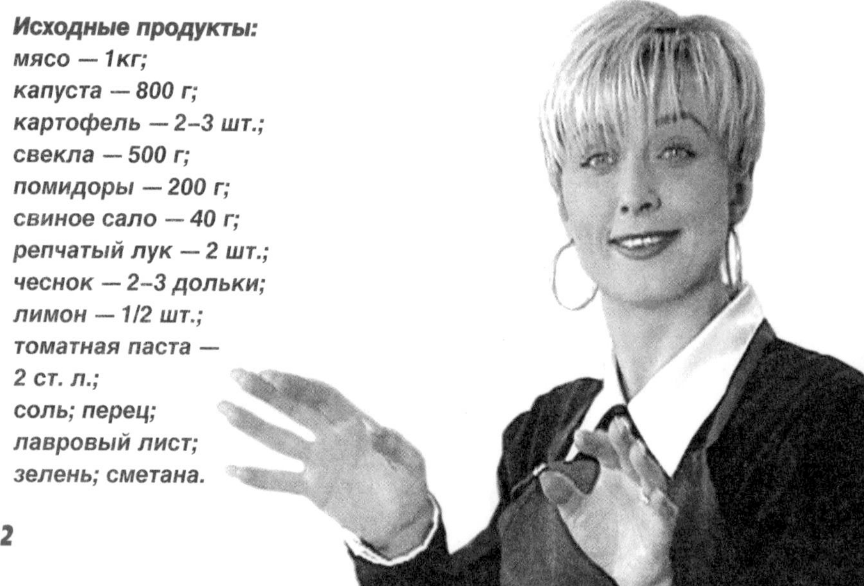

причем тонкой и мелкой. В искусстве резки овощей она меня превзошла, чему были свидетелями все наши зрители. Итак, капуста — мелкой соломкой, картошка — мелко, морковка — тонкой соломкой, свекла — тонкой соломкой и, помимо этого, половинка свеклы целиком для придания борщу красивого цвета. Сало мелко режется и обжаривается на сковородке до состояния шкварок. Помидоры и лук трем на терке.

Порядок закладки примерно такой. В сварившийся бульон первым делом идет свекла, далее — все наши остальные овощи, в последнюю очередь — капуста, после нее закладываем обжаренные шкварки, чеснок можно натереть на терке, а можно мелко нарезать ножом, убавляем огонь, выдавливаем половину лимона, соль и перец добавляем по вкусу. Зелень кладется в последний момент перед подачей к столу или непосредственно за столом. Непростая вещь, но чертовски хорошая!

«МАНГО-МАНГО»

Одна из любимых моих команд, группа «Манго-Манго», появившись у меня на кухне в лице Андрея Гордеева и Димы Серебряника, взялась за приготовление чебуреков.

Для начала мне, а также телезрителям была прочитана небольшая лекция, из чего следовало, что чебурек — это серьезное занятие для настоящих мужчин, что приготовление чебуреков требует самоотверженности и самоотдачи, что чебурек — это китайское название большого жареного пельменя. Что «че» — это «большой», «бу» — «жареный», а «рек» — собственно «пельмень».

С этим в глубине души я не очень согласился, но слово вставить практически было невозможно.

ЧЕБУРЕКИ

Исходные продукты:
мясо (баранина);
растительное масло;
репчатый лук;
яйца; мука;
зелень;
специи.

Итак, насколько мы знаем, чебурек состоит из рубашки и начинки, т. е. фарша. Начинка нежная и очень ранимая, рубашка берет на себя защитную функцию. Кажется, я увлекся и заговорил терминами Гордеева. Впрочем, к делу. Фарш для чебуреков готовится из баранины. Ребята пропустили мясо через мясорубку, после чего мелко нарезали репчатый лук. Яйцо замесили с мукой, и получилось крутое тесто, куда Гордеев добавил теплой кипяченой воды. Тесто тщательно мялось, билось,

лепилось — и в результате было скатано колбаской, колбаска нарезана на куски и первый кусочек раскатан с помощью скалки. Получился изрядный блин. Лук был перемешан с бараниной, и в полученную смесь мы добавили зелень, соль, красный и черный молотый перец и немного воды, чтобы получилась кашица. После чего смесь тщательно была перемешана руками. Если бы чебурек делал я, наверное, налил бы воды значительно меньше и ошибся бы, потому что как раз вода и придает начинке сочность.

Итак, на раскатанный блин кладется 1 столовая ложка фарша, затем блин складывается пополам и как бы «зашивается» по краю. С помощью пальцев, естественно. На сковородке кипит большое количество растительного масла. Чебурек должен практически погрузиться в него. У интеллигентных людей это, кажется, называется «фритюр». Чебурек аккуратно опускается в масло, здесь очень важно не дать себя обрызгать, после чего сковородка накрывается крышкой. На обжаривание одной стороны уходит 5 минут, после чего чебурек переворачивается.

В заключение несколько мудростей от Гордеева:

Большому чебуреку рот радуется.

Золотистый чебурек — это радость на столе.

Чебурек на столе — жди гостей с юга.

Георгий ТАРАТОРКИН

Георгий Тараторкин, заявив вначале, как и многие, что готовить он не умеет и никогда не готовил, испек пирог с яблоками. Интересно, думаю всегда я, вот готовится человек к передаче, спрашивает у кого-нибудь рецепт, волнуется, не верит в свои силы. Вот бы у кого-нибудь не получилось, ну хоть бы раз не получилось! Клянусь, честно бы заснял и опозорил на всю страну с большим удовольствием. Ан нет, напрасно я жду уже три года. Все у всех получается. Не знаю, в чем тут дело. Может быть, моя кухня так действует, может быть, ответственность перед зрителями, а может, мое скромное присутствие.

Исходные продукты:
слив. масло — 200 г;
яичные желтки — 4 шт;
яблоки;
сахарный песок — 1/2 ст;
мука — 1/2 ст.

ПИРОГ С ЯБЛОКАМИ

Итак, пирог принципиально отличался от того, что я видел заранее. Хотя не устаю повторять, что я не специалист по выпечке. Для начала 200 г сливочного масла растопили в кастрюльке, 4 яйца аккуратно разбили и отделили желтки от белка. Нам понадобились только желтки. Их взбили, добавили туда растопленное масло, по полстакана сахара и муки. Все перемешали, и эту массу, к моему изумлению, Георгий вылил в целлофановый пакет и положил его в морозильник на 1 час. Вот так тесто, подумал я. Дальше все было довольно обычно. Мы почистили яблоки и нарезали их дольками, освободив от сердцевины. Далее форма была смазана маслом; смесь, пролежав в заморозке 1 час, стала довольно твердой и неплохо натиралась на крупной терке. Этим мы и занялись. Первый слой смеси, натертой на терке, лег на дно формы, сверху лег слой яблок и второй слой теста прикрыл все это дело. Форма ставится в духовку и выпекается до полной готовности. Получается необыкновенно красиво и, в общем, не очень сложно. А говорите, не умеете готовить, Георгий, не помню, как по отчеству!

Наташа КОРОЛЕВА

Когда приглашаю к себе на кухню известного артиста, я изо всех сил стараюсь, чтобы он ни в коем случае не чувствовал себя на работе, т. е. на эстраде или на сцене. Я хочу, чтобы он чувствовал себя как дома — у себя дома на кухне или, в крайнем случае, у меня дома на кухне.
И тут иногда случаются неожиданности... Артист, который на сцене излучает энергию и веселье, на кухне вдруг может оказаться медлительным и несколько занудным человеком. Предугадать заранее это невозможно. Так вот, к Наташе Королевой это не имеет ни малейшего отношения. Она устроила у меня на кухне такую буффонаду, что я вместе со зрителями чуть не умер со смеху. Вначале она объявила, что, в отличие от

своей мамы и бабушки, готовить совершенно не умеет. Но поскольку украинские женщины считаются наиболее домовитыми и хозяйственными, согласилась показать одно утреннее блюдо, отказавшись сообщить его название и предупредив, что иногда оно получается, иногда нет. Для того чтобы оно получилось, необходимы реальные условия, приближающие действие к реальности. Поэтому Наташа тут же оказалась в ночной рубашке, прическу взбила на манер «утро в курятнике», а мне поневоле пришлось играть роль утреннего супруга. Спектакль удался.

«ЛЕНИВЫЕ» ВАРЕНИКИ

Исходные продукты:
яйцо; мука; творог.

Что касается блюда, то оно очень простое. Это так называемые «ленивые вареники». «Ленивые» — потому что их готовят, как утверждает Наташа Королева, только ленивые люди.

Итак, рецепт. Берется творог, в него разбивается яйцо, все размешивается ложечкой и добавляется мука. Если переборщили — то добавим еще яйцо, если жидковато — добавим муки, т. е. вот таким образом достигается нужная консистенция теста. Затем это тесто обваливается в муке и раскатывается в эдакую колбаску. Тем временем на плите закипает вода. Колбаска режется на небольшие кусочки размером чуть меньше пельменей. Каждый кусочек обваливается в муке и кидается в кипящую воду. Варится практически моментально.

Подавая на стол, хорошо полить вареньем или сметаной. Спасибо, Наташа!

Алена АПИНА

Клянусь вам, лично для меня встреча с Аленой Апиной выросла в передачу года. До сих пор меня останавливают на улице люди и спрашивают: «А вот это, то, что там Апина варила, это что, шутка такая, прикол?». «Да нет, не прикол,— отвечаю я.— Все честно. Мало того, удивительно вкусно и ни на что не похоже.»
Но давайте по порядку. Алена Апина, будучи родом из Саратова, предложила саратовский метод варки раков, вернее, она предложила сразу три блюда: первое, второе и десерт. Но основа — это раки по-саратовски.

РАКИ ПО-САРАТОВСКИ

Уже на начальной стадии варки раков по-саратовски мне чуть было не стало плохо. В большую кастрюлю по очереди пошли: полтора пакета молока, полпакета кефира, полпачки сливочного масла, полпачки сметаны, 1 лавровый лист, стручок острого красного перца, столовая ложка аджики, столовая ложка горчицы, 1 бутылка пива отечественного производства, 1 стакан красного грузинского полусладкого вина, пучок укропа, петрушка, тмин, перец горошком и соль. Уф, ну как?
Я смотрел в кастрюлю и не верил своим глазам. По убеждению мало-мальски нормального человека вся эта адская смесь должна была немедленно свернуться, т. к. состояла из практически несочетаемых продуктов. Однако никакого свертывания не произошло, смесь медленно за-

Исходные продукты:
живые раки; молоко; кефир; слив. масло; сметана; лавровый лист; стручковый острый перец; аджика; горчица; пиво; грузинское вино; укроп; петрушка; тмин; перец; соль; водка.

кипала, приобретая приятный нежно-розовый цвет. После того как кастрюля забурлила, живые раки по очереди опустились в кипящее варево головой вниз. Варились раки 15 минут. Очевидно, чтобы окончательно подкосить меня и присутствовавших зрителей, Алена Апина по истечении 15 минут отважно плеснула в кастрюлю полстакана водки и подождала еще 4 минуты. В студии стояла гробовая тишина. Тем временем Алена подготовила тарелки, раки были выужены шумовкой и уложены на одну тарелку, а бульон был влит в другую — глубокую. Алена сообщила, что это еще и очень хорошее средство на утро. Надо вам сказать, что ничего более острого и необычайного я еще не пробовал. Это отдаленно напоминало французский суп из морепродуктов, но гораздо более звонкий, ароматный и изысканный. Действительно, запить рюмку водки таким супом я бы счел за праздник.
На второе шли раки, а на десерт — и вы будете смеяться — пиво. Десерт в данном случае необыкновенно удачно сочетался со вторым основным блюдом.
От имени многомиллионной аудитории и от себя лично выражаю сердечную благодарность Алене Апиной за неоценимый вклад в развитие отечественного кулинарного искусства.

Симон ОСИАШВИЛИ

Интересное дело, почему, как только мы видим мужчину хотя бы с ничтожным элементом восточной или кавказской крови, у нас уже нет никаких сомнений в том, что он великолепный кулинар. Почему наши соседи с Кавказа и Востока убедили нас в обязательной мужской способности замечательно готовить, а наш русский мужик ни у кого таких предчувствий не вызывает? В чем тут дело? Во всяком случае, в Симоне Осиашвили я не сомневался.

ХАЧАПУРИ ПО-ЛЬВОВСКИ

Исходные продукты:
мука; маргарин; яйца; лимон; творог; соль; перец; зелень; масло.

Итак, рецепт от Симона Осиашвили. Хачапури по-львовски. «Настоящее искусство,— сказал Симон, определяя количество исходных продуктов,— делается на глазок». Прекрасная мысль, подумал я. Следует эту мысль внести в анналы золотыми буквами. Из исходных продуктов нам понадобилось: примерно 500 г муки, примерно пачка маргарина, примерно 2 яйца, примерно 1 лимон и творог. Маргарин мы порезали на кусочки, перемешали с мукой и довели до состояния однородной массы, после чего еще долгое время мяли ее руками. В приготовленной массе делается лунка, туда добавляется полстакана подсоленной воды, яйцо и немного сока лимона. Из всего

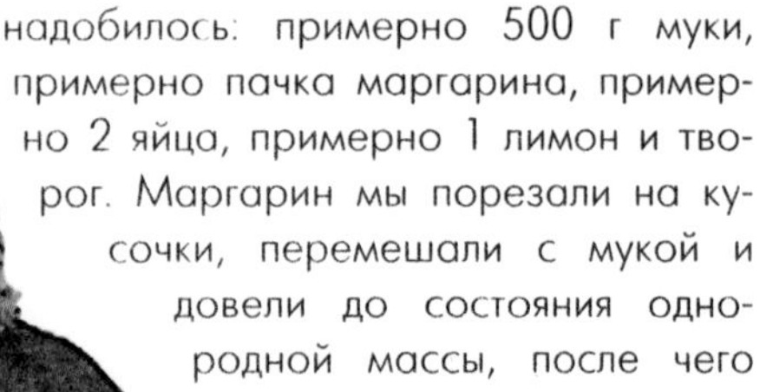

этого делается колобок, минут на сорок кладется в холодильник. Теперь начинка. Творог, яйцо, соль, перец (можно добавить немного зелени) хорошо перемешиваются. Вынутое из холодильника тесто раскатывается скалкой, сверху кладется начинка, и тесто сворачивается конвертом. Конверт кладется на противень, предварительно смазанный маслом, и ставится в духовку до образования сверху румяной корочки. Несложно и очень здорово! Попробуйте. Попробуйте когда-нибудь, и, ей-Богу, не раскаетесь!

Юз АЛЕШКОВСКИЙ

В силу жизненных обстоятельств мы много раз с Юзом Алешковским вели кулинарные дебаты, которые чаще всего не заканчивались теоретической частью, а плавно переходили в практику. Скажу вам, положа руку на сердце, что Алешковский — великий кулинар, и индюшачьи котлетки — не единственное блюдо, которое он умеет готовить. Живя последние годы в Соединенных Штатах, он стал, как и все американцы, обращать внимание не только на вкусность продукта, но и на его полезность, в крайнем случае — невредность. И в этом смысле индюшачьи котлетки отвечают всем перечисленным параметрам. Американцы считают, и, видимо, справедливо, что индюшачье мясо содержит наименьшее количество холестерина, и потому наиболее пригодно в пищу.

ИНДЮШАЧЬИ КОТЛЕТКИ

Делаются котлетки следующим образом. Берем кусок индюшачьей грудинки или уже готовое индюшачье филе (шкурка в котлеты не идет). Белое мясо — самое диетическое из индюшачьего мяса — проворачивается через мясорубку, три куска белого хлеба предварительно замачиваются в молоке, далее через мясорубку проворачиваются лук, чеснок (много чеснока Юз не советует), замоченный в молоке хлеб и зелень. Хотя зелень Юз рекомендует нарезать ножом и хорошо измельчить руками. Отдельно взбивается яичный белок и отдельно обжаривается лук. В приготовленный фарш добавляем по вкусу соль, перец, обжаренный лук, ко-

торый придаст нашему фаршу аромат, и взбитый белок, который придаст нашим котлеткам нежность. Хорошо бы добавить немного измельченного корня имбиря, но компонент этот не обязателен. Далее мы добавляем в фарш немного воды, чтобы котлеты были посочнее. Не знаю, в чем тут было дело, но котлеты, пожаренные на оливковом масле, получились действительно невероятные. Они были довольно крупные и пышные, как бисквитные пироги. Может быть, дело здесь во взбитом яичном белке, а может быть, в мастерстве Юза Алешковского. Жарятся индюшачьи котлеты быстро, пересушивать их не следует.

Отведайте, ребята!

Исходные продукты:
индюшачья грудинка или индюшачье филе;
белый хлеб;
молоко;
лук; чеснок;
зелень;
яичный белок;
соль; перец;
корень имбиря;
оливковое масло.

Бисер КИРОВ

Знаменитый на протяжении 30 лет болгарский певец Бисер Киров, которого, как мне кажется, время практически не коснулось, умудрился за 15 минут приготовить у меня на кухне болгарский обед из трех блюд, куда входил болгарский холодный суп «таратор», котлеты по-болгарски и салат. Работал он так азартно и стремительно, что я едва поспевал следить за ним. И если бы не видеозапись программы, все три секрета приготовления национальных блюд так и канули бы в лету...

СУП «ТАРАТОР», САЛАТ и КОТЛЕТЫ

Блюдо первое — суп «Таратор», который готовится за 40 секунд. Мелко режем свежий огурец, добавляем соль и один мелко порезанный зубчик чеснока. Туда же кладутся несколько кубиков льда, пакет кефира, лимонный сок из половинки лимона, одна ложка оливкового масла и несколько кусочков грецкого ореха. Чудная штучка на утро, особенно, в летнее время.

Блюдо номер два — болгарский салат — ненамного сложнее. Мелко режем свежий огурец, помидор, болгарский перец, репчатый лук, который

Исходные продукты для супа «Таратор»:
кефир; огурец; чеснок; соль; сок половинки лимона; оливковое масло — 1 ст. л.; грецкий орех; соль.

Исходные продукты для салата:
огурец; помидор; болгарский перец; репчатый лук; оливковое масло; брынза.

Исходные продукты для котлет:
телятина — 3 части; свинина — 1 часть; яйцо; лук; соль, перец, чабрец, петрушка; белый хлеб.

Бисер рекомендует после резки обдать горячей водой, чтобы он частично потерял свою горькость; заправляем салат оливковым маслом, на крупной терке трем брынзу и покрываем салат сверху. Вот и все.
Что касается болгарских котлет, то три части телятины и одну часть свинины надо провернуть через мясорубку, добавить в фарш яйцо, соль, перец, лук, чабрец и два ломтика предварительно замоченного в воде белого хлеба, зелень петрушки и небольшое количество воды, для того, чтобы котлеты получились пышными. Количество воды предлагаю вам определить на глаз. После этого фарш перемешивается, лепятся котлетки и жарятся на сковородке. (В процессе лепки руки следует постоянно смачивать в воде.) Всего-то и делов!
Не поленитесь, устройте как-нибудь себе эдакий болгарский праздник! Ей-Богу, совсем неплохо!

Николай ДРОЗДОВ

Войдя этим утром к себе на кухню, я не узнал родной обстановки. Стол спрятался под гигантской горой овощей, фруктов и зелени. Над всем этим невероятным натюрмортом возвышался Николай Николаевич Дроздов.

Первые десять минут программы ушли на теоретическую часть. Мне было объявлено, что не следует обижать животных, а, поедая их мясо, мы их безусловно обижаем. Я попытался робко возразить, что, видимо, растения тоже обижаются, когда их едят, но был посрамлен. Оказывается, растения обижаются, но совсем не в той степени, в которой животные, поэтому тут и думать ничего — надо становиться вегетарианцем. Немедленно переходить в клан вегетарианцев! Если мы не хотим быть похожими на гориллу. Она, как и человек, тоже всеядна.

С ходу мне предложили два повседневных вегетарианских рецепта. Честно говоря, первый, меня не очень впечатлил. Второй понравился гораздо больше.

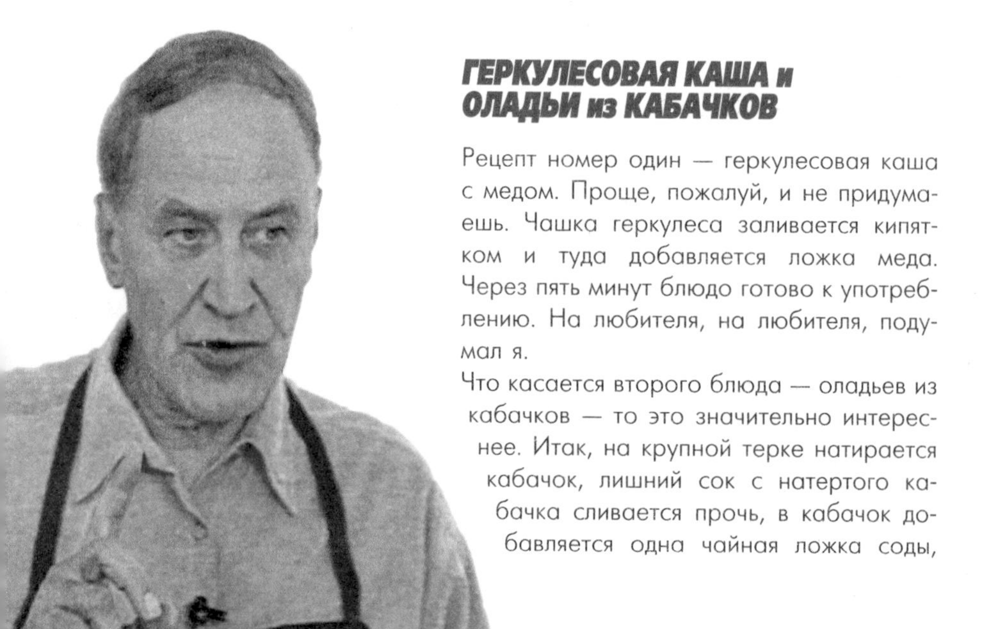

ГЕРКУЛЕСОВАЯ КАША и ОЛАДЬИ из КАБАЧКОВ

Рецепт номер один — геркулесовая каша с медом. Проще, пожалуй, и не придумаешь. Чашка геркулеса заливается кипятком и туда добавляется ложка меда. Через пять минут блюдо готово к употреблению. На любителя, на любителя, подумал я.

Что касается второго блюда — оладьев из кабачков — то это значительно интереснее. Итак, на крупной терке натирается кабачок, лишний сок с натертого кабачка сливается прочь, в кабачок добавляется одна чайная ложка соды,

мука по ощущению, яйцо и все это перемешивается до знакомой нам консистенции теста для оладушков. После чего на горячую сковородку в разогретое растительное масло выливаем по две ложечки массы и группируем форму оладушков. Группировать-то и не пришлось, оладушки получились сами собой. Переворачиваются они буквально через пару минут, имеют нежнейший и незабываемый вкус. А что касается выпивки, то, употребляя большое количество сырых овощей, Николай Николаевич Дроздов рекомендует пить красное сухое вино. Оно радионуклиды выводит.

***Исходные продукты для каши:* геркулесовые хлопья; мед.**

***Исходные продукты для оладьев:* кабачок; сода; мука; яйцо; растительное масло.**

Олег АНОФРИЕВ

Иногда придет к тебе на кухню человек, оглянет хозяйским взглядом приборы, возьмется за дело и вроде ничего особенного и не сготовит, а видно по телодвижениям — мастер!
Именно таким образом выглядел на кухне «Смака» Олег Анофриев. Обнаружив на столе карпа, он тут же предложил два блюда: уха и карп запеченный.

УХА ПО-АНОФРИЕВУ и КАРП ЗАПЕЧЕННЫЙ

Ну, способ приготовления ухи по Анофриеву от моего принципиально не отличается. В кипящую воду бросаем нерезаную картошку (я бы бросил резаную). Лук в одежке, охапку лаврового листа, зелень (я бы бросил зелень в конце), чесноку полголовки мелко порезанного (я бы и чеснок бросил в конце). От карпа отделяется голова, хвост и плавники. Все это опускается в уху, когда картошка сварилась. После чего туда докладывается забытый Анофриевым перец (я бы положил перец вначале), и перед снятием с огня вливается

30—40 г водки (вот это очень правильный штрих). При раздаче по тарелкам посыпается свежая зелень (мудро!).
Тем временем на столе осталась тушка карпа, почищенная, обезглавленная и обесплавниченная. Дальше все было как бы просто и обыкновенно. Карпа натерли солью, наперчили и обваляли в муке, после чего — внимание! — обложили молодыми ольховыми ветками, завернули в фольгу и положили в духовку. Олег Анофриев сильно сокрушался по поводу отсутствия на моей кухне костра, в золе которого карп получается не в пример лучше. Тем не менее ольховые ветки сделали свое дело, и когда мы развернули фольгу, по кухне поплыл совершенно неземной аромат. Простенько и со вкусом!

Исходные продукты для ухи:
картофель; лук; лавровый лист;
зелень; чеснок;
карп (голова, хвост, плавники);
перец; водка.

Исходные продукты для запеченного карпа:
карп; соль; перец; мука; ольховые ветки.

Максим ЛЕОНИДОВ

Известный музыкант и путешественник Максим Леонидов принес три рецепта салатов, привезенные им с побережья Средиземного моря. Он утверждает, что из-за жары думать о горячей пище в течение дня практически невозможно. Поэтому горячую еду употребляют в основном вечером. Днем же питаются на ходу разнообразными салатами, которые закладываются в питу. Пита — это плоская круглая лепешка из пресной муки, испеченная таким образом, что если ее приоткрыть, то между верхней и нижней корочкой образуется пустое пространство на манер кармана, куда можно запихать довольно большое количество всякой всячины. До сих пор не знаю, как ее выпекают таким образом, что внутри образуется вот это самое пустое пространство. Если вы нигде не найдете питу, не отчаивайтесь. На мой взгляд, эти салаты хороши и сами по себе. Общее для них условие — все ингредиенты должны быть тщательно измельчены. Тут уж наберитесь терпения.

ТРИ САЛАТА

В салате номер один — это салат из тунца — наличие сладкой кукурузы из банки определяет крупность разделки всех остальных составляющих. Кусочки должны соответствовать размерам зернышек кукурузы. Итак, возьмите банку кукурузы, банку тунца, большую головку репчатого лука, баночку соленых или маринованных огурцов и майонез. Измельчите все составляющие салата, тщательно перемешайте и заправьте майонезом. Салат из тунца готов.

Салат номер два носит название «греческий». Вам потребуется пара свежих огур-

Исходные продукты для салата №1:
сладкая кукуруза; тунец; репчатый лук; соленый огурец; майонез.

Исходные продукты для салата №2:
свежий огурец; сладкий перец; репчатый лук; помидоры; брынза; перец; маслины; лимонный сок; оливковое масло.

Исходные продукты для салата №3:
свежий огурец; чеснок; творог; укроп.

цов, один сладкий болгарский перец, одна головка лука, пара помидоров и брынза. Этот салат можно заправить соком лимона и оливковым маслом. Также не помешают перец и маслины.
Салат номер три, пожалуй, самый простой. Трем на терке свежий огурец, мелко-мелко режем чеснок, добавляем творог, свежий укроп, тщательно перемешиваем. Яркая штучка. Если вам все-таки хочется приблизиться к Средиземноморью, учтите, что любой плоский и пресный хлеб вполне заменит вам питу. Можете с таким же успехом использовать лаваш или любую плоскую лепешку.
Удачи!

Юлия РУДБЕРГ

Замечательная актриса театра Вахтангова Юлия Рудберг предложила приготовить пирог под названием «Раз плюнуть». Честно скажу, я не умелец на всякого рода выпечки, и все, что связано с тестом, меня несколько пугает.

Но Юля объяснила мне, что пирог потому и носит такое хамское название, что мука в процессе не участвует и печь его не надо. Дело принимало интересный оборот.

ПИРОГ «РАЗ ПЛЮНУТЬ»

Исходные продукты:
зефир;
варенье из черной смородины или черная смородина с сахаром;
сметана;
грецкие орехи;
мякоть кокосового ореха; изюм;
свежий огурец;
мед; курага; ягоды.

Исходный продукт — зефир. Зефир разделяется пополам, (если вы помните, он слеплен из таких двух половинок) и выкладывается на тарелку одним слоем. Далее Юля мешает сметану с вареньем из черной смородины или просто с черной смородиной, протертой с сахаром, и взбивает все это дело миксером. Полученный розовый крем намазывается на зефир. Дальше предполагается безграничный полет фантазии. Юля использует измельченный грецкий орех, измельченную мякоть кокосового ореха, рекомендует также добавить сюда изюм, свежий огурец и мед. На все это кладется слой кураги. И потом все повторяется сначала, с той разницей, что теперь количество зефира будет несколько меньше. Как только у нас получилась эдакая полусфера, все оставшиеся отверстия замазываются нашей взбитой сметаной со смородиной, а затем продукт украшается изюмом, курагой, киви, ягодами — чем угодно! — и посыпается тертыми орехами. А теперь — ни в коем случае не перепутайте! Заготовка торта ставится не в духовку, а в морозилку, где слегка застывает. Резать готовый торт Юля не рекомендует. Она советует брать его лопаточкой. Юля уверена, что это блюдо будет любимо нашим народом. А почему бы и нет, в самом деле?

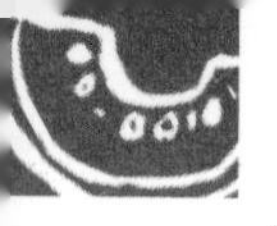

Наталья ШТУРМ

Певица Наталья Штурм, от кого я ожидал соответствия с ее образом на сцене, чего-нибудь простого и нашего, поразила меня тонкостью и изысканностью вкуса. Она принесла с собой сразу два блюда.
Первое — это ушки с гречневой кашей, второе — канапе под названием «Женский каприз».

УШКИ С ГРЕЧНЕВОЙ КАШЕЙ

Исходные продукты:
для теста:
мука, яйцо, вода;
для начинки:
репчатый лук,
грибы (шампиньоны),
растительное масло,
гречневая крупа;
сметана.

Итак, ушки. Тесто готовится практически так же, как для пельменей. Мука, яйцо, вода. Замешиваем тесто и доводим до нужной кондиции. Мелко нарезанный лук и шампиньоны обжариваем на растительном масле. Параллельно варится гречка. Гречка, перемешанная с жареным луком и шампиньонами, и составляет начинку. Все дальнейшее очень похоже на работу над пельменями, разве что варятся они чуть быстрее да несколько более пикантные на вкус. При желании каждому пельмешку можно придать форму ушка, откуда, собственно, и название.

Исходные продукты:
дыня;
рыба (например копченый угорь или осетрина);
маслины;
болгарский перец.

КАНАПЕ «ЖЕНСКИЙ КАПРИЗ»

Канапе «Женский каприз» — сочетание на первый взгляд практически несопоставимых продуктов — дыни, копченого угря, маслин и болгарского перца. Технология очень проста. Рыба (я думаю, что это может быть не только угорь, но, скажем, и осетрина), болгарский перец, дынька режутся кубиками примерно одинаковой величины. На острую тонкую шпажку насаживаем: сначала перец, потом кусочек рыбы, потом дыньку, потом маслину — и все это втыкается в ломтик дыни, который лежит на блюде.
Последнее добавление. Сваренные ушки с гречневой кашей неплохо бы, подавая на стол, полить сметаной.
Такая вот кухня от Натальи Штурм.

Володя ПРЕСНЯКОВ

Вот уж кто меня удивил, так это Володя Пресняков. Бывают такие люди, которые в твоем воображении никак не вписываются в пространство кухни. Где угодно и в каком угодно окружении готов я представить себе Володю, в крайнем случае за столиком в ресторане, но уж никак не у плиты. Ошибся! Володя принес простой и замечательный рецепт манника. Признавшись, правда, при этом, что рецепт этот наследственный и достался он ему от бабушки.

Пятнадцати минут передачи хватило с лихвой для того, чтобы показать весь процесс от начала до конца, практически не останавливая камеру. Проще, наверное, ничего не придумаешь.

МАННИК

Исходные продукты:
манка — 1 ст.;
сахарный песок — 1 ст.;
кефир — 1 ст.;
яйцо — 1 шт.;
соль и сода — на кончике ножа;
слив. масло — 50 г.

Берем: 1 стакан манки, 1 стакан сахарного песка, 1 стакан кефира, 1 яйцо плюс немножко соли и немножко соды — на кончике ножа. Вся эта масса смешивается. 50 г сливочного масла растапливается на сковородке и выливается в наше тесто. После этого надо все еще раз тщательно перемешать. Затем готовая масса выливается на эту же сковородку и на 15—20 минут ставится в духовку при температуре 200°. Готовность манника проверяется спичкой — это мне вам рассказывать не надо. Хотя, если кто-то уж очень настаивает, могу рассказать. Этот способ хорош и для шарлотки, и для прочих подобных пирогов. Спичкой протыкается корочка пирога, если спичка влажная, значит, пирог еще не готов, а если сухая — можно подавать. Отличная штука! Главное — проще не придумаешь!

Кристина ОРБАКАЙТЕ

Кристина, в которой я с самого начала подозревал что-то такое домашнее, продемонстрировала развернутый ужин на двоих.
Выглядело это следующим образом.

УЖИН НА ДВОИХ

Исходные продукты для салата:
репчатый лук; яйцо; майонез; сыр; консервированный лосось; свежий огурец; зеленый лук.

Сначала мы ставим на плиту воду, чтобы сварить спагетти, по нашему говоря, тоненькие макароны. Берем две головки репчатого лука и четыре вареных яйца. Одну головку репчатого лука мы режем кольцами для салата, другую мелко — для спагетти. Свежие шампиньоны режутся дольками и обжариваются в растительном масле на сковородке. На другой сковородке в это же время обжариваем мелко нарезанный лук, слегка посыпанный мукой. В кипящую воду опускаем макароны, (пока не солим!) берем вареное яйцо, отделяем белок от желтка, белок мелко рубим, кладем его на тарелку, затем посыпаем тертым сыром, затем смазываем майонезом. Далее берется баночный лосось, мелко режется, выкладывается в виде следующего слоя; затем идет лук, нарезанный кольцами, и снова слой майонеза. Затем мелко нарубленный желток и украшение в виде свежих огурцов и зеленого лука. Салат готов.
Вернемся к спагетти. Кристина рекомендует взять пакетик протертого грибного су-

па, растворить в воде (примерно в стакане воды, чтобы получилась масса консистенции сметаны), тщательно размешать, чтобы не было комков, и заварить. Как только макароны окажутся готовы, сливаем воду, смешиваем наши жареные шампиньоны с жареным луком, выкладываем макароны в тарелку, сверху покрываем нашими жареными грибами с луком, перемешиваем. Как вы поняли, из густо разведенного протертого грибного супа у нас практически получился соус. Если добавить туда немножко белого сухого вина и перца, то получится потрясающе вкусно. Попробуйте как-нибудь перед сном и не пожалеете!

Исходные продукты для спагетти:
спагетти; репчатый лук; шампиньоны; растительное масло; мука; пакет сухого грибного супа; белое сухое вино; перец; соль.

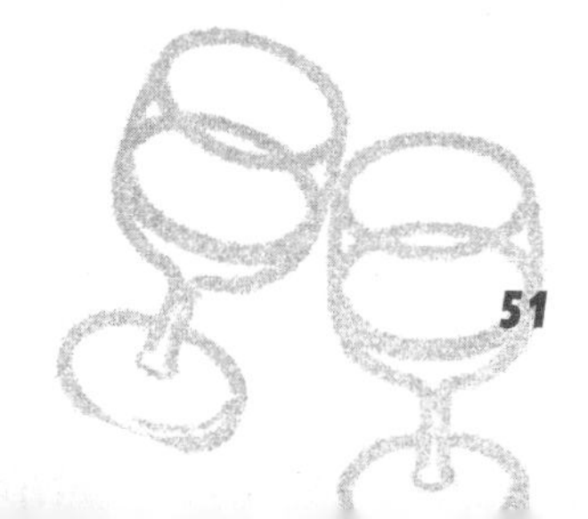

Евгений ОСИН

Певец Евгений Осин, будучи убежденным сторонником ведического кулинарного искусства, предложил рецепт блюда под названием «Халава» или, проще говоря, пудинг из манной крупы с карамелью. Название мне запомнилось, т. к. близко перекликается с нашей «халявой». К слову «халва» «халава» не имеет никакого отношения.

«ХАЛАВА»

Исходные продукты:
манная крупа — 1/2 кг; сахар — 1 кг; молоко — 1л; апельсин или лимон — 1 шт; сливочное масло — 300 г; орехи; изюм; курага; ягоды.

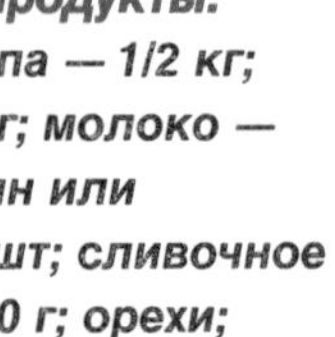

Для приготовления вам понадобятся: 500 г манной крупы, килограмм сахара, один литр молока, 1 апельсин или лимон, 300 г сливочного масла, горсть орехов, горсть изюма, горсть кураги. Как только вам удалось все это раздобыть, берите глубокую сковородку или кастрюлю с тефлоновым покрытием. Высыпьте килограмм сахарного песка в эту посуду и разогрейте таким образом, чтобы сахар превратился в расплавленную коричневую карамель. Делается это без воды. Как только сахар растаял, влейте туда пакет молока и тщательно перемешайте. Молоко впитывает наш растопленный или, как принято у нас говорить, «жженый» сахар. Смесь эту надо постоянно мешать, чтобы сахар не прилипал ко дну посуды. Далее на сковородке растапливаем сливочное масло, и манную крупу обжариваем в этом масле до коричневого состояния. Как только молоко со жженым сахаром закипело, всыпаем туда изюм и курагу. Теперь бе-

рем лимон или апельсин, кто что больше любит, режем вместе с кожицей на кубики и высыпаем в молоко. Орехи можно использовать любые — грецкие, арахис. Если это грецкие орехи, то хорошо растереть их руками и всыпать в обжаренную манку. Теперь наша обжаренная манка перемешивается с орехами и высыпается в молоко с сахаром. В последний момент можно добавить щепотку корицы и, если кто любит, ванилин. Готовый продукт выкладывается в блюдо, украшается клюквой или любой ягодой. Употреблять лучше, как утверждает Осин, не в горячем, а в слегка охлажденном виде. На мой взгляд, самое трудное в этом продукте, это добиться его правильной консистенции: это должна быть и не размазня, и не один сплошной монолитный кусок. Эдакая полурассыпчатая-полумягкая масса, по консистенции, пожалуй, действительно несколько похожая на халву. Любители сладкого не пожалеют.

Нина АРХИПОВА и Георгий МЕНГЛЕТ

Замечательно бывает иногда наблюдать семейные пары, прожившие вместе длинную счастливую жизнь. Они общаются между собой не так, как мы с вами. Контакт их настолько безупречен, что начатую одним фразу или даже мысль тут же подхватывает и продолжает второй. Все это я имел удовольствие наблюдать на примере Нины Николаевны Архиповой и Георгия Павловича Менглета.

КИСЛЫЕ ПОСТНЫЕ ЩИ

***Исходные продукты:* грибы; фасоль; картофель; квашеная капуста; репчатый лук; подсолнечное масло; тмин; лавровый лист; черный перец; соль; сахар.**

Происходило это у меня на кухне, в тот момент, когда они в четыре руки готовили кислые постные щи «по-воронежски» Сразу же было предложено пропорции продуктов соблюдать на глазок, по вкусу и от сердца. Это именно тот подход, который всегда исповедую я. Предварительно нужно замочить фасоль и грибы. Сделать это следует часа за два до начала основного процесса.

Итак, в кипящую воду кладем три горсти размоченной фасоли и примерно столько же грибов. Это продукты, которые у нас варятся дольше всего. Теперь режем несколько картофелин соломкой, на сковороде обжариваем квашеную капусту с морковкой до характерного, ни с чем не сравнимого запаха пирогов с капустой. Капусту надо резать так, чтобы она не напоминала спагетти, утверждает Георгий Павлович Менглет. Но, поскольку квашеная капуста нам достается уже в готовом виде, выбирать не приходится. Претензии к тем, кто ее квасил. В кипящую кастрюлю с фасолью и грибами по очереди добавляем: 1 столовую ложку подсолнечного масла, тмин, лавровый лист, черный перец горошком, и после этого бульон можно посолить и перемешать. В сковородку, где жарится капуста, добавляется 1 чайная ложка сахара. Все это перекладывается в кастрюлю, а на освободившейся сковородке с новой порцией подсолнечного масла обжаривается мелко нарезанный лук — одна головка — и тоже закладывается в щи. Щи должны томиться 30 минут. По истечении 30 минут туда добавляется зелень — укроп и петрушка.

При всем моем мясоедстве и пренебрежительном отношении к вегетарианским блюдам, скажу вам честно, положа руку на сердце, щи удались!

ЛУК как ЕДА

Можно ли назвать лук едой? Долго размышлял я на эту дурацкую тему, и получалось, что вроде нельзя. Еда — это то, что как бы едят само по себе. Скажем, картошка. А лук все время едят с чем-то. Вернее, наоборот — что-то все время едят с луком. Точнее, практически все. В пользу того, что лук является едой сам по себе, говорит только тот факт, что папа Карло принес голодному Буратино именно луковицу. И тот ее сожрал. Помню, в детстве меня это несколько коробило.

Итак, трудно представить себе блюдо, в которое не добавляют лук. Это относится к любой кухне мира. Лук используют в сыром виде, его варят, обжаривают, жарят (что не одно и тоже), тушат и маринуют. Не будем сейчас превозносить его целебные свойства — они всем известны. Видимо, дело не только в них. Лук необходим человечеству как важнейшая вкусовая краска. И без нее не написать достойного полотна.
Чертовски хорошо, скажем, на природе, особенно в холодное время года, расстелить на пеньке газетку, разрезать охотничьим ножом на четыре части хрустящую луковицу, посыпать ее крупной солью. А если рядом на этой же газетке окажется шматок подмерзшего сала, горбушка черного хлеба и грамм сто водочки — это можно будет с ума сойти. Это — азбука. Пойдем дальше.
В салат из свежих овощей лучше класть красный, южный лук. Тут рекомендую вам одну хитрость. Нарезав лук кольцами, не спешите сразу валить его в салат. Положите его в отдельную посудину, залейте уксусом и дайте постоять 3—5 минут. Потом промойте холодной водой и теперь уже кладите в салат. Попробуйте, и сами все поймете. Если у вас задуман салат из вареных овощей (типа оливье), либо мясной или рыбный — тут другой способ: порезанный лук надо окатить кипятком, а потом холодной водой. Горечь он потеряет, а аромат и хруст сохранит.
Обжаривая лук на растительном масле, посыпьте его мукой — он лучше подрумянится.
Китайцы обжаривают лук на максимальном огне, постоянно помешивая, и, с нашей точки зрения, немного его недожаривают — тут не на-

до муки, добавьте чуть-чуть сахара. И подавайте к мясу. Такой лук я люблю больше. Еще способ: приготовьте жидкое фритюрное тесто (белок, мука, вода), нарежьте лук крупными кольцами, обмакните каждое кольцо и бросьте на 30—40 секунд в кипящее растительное масло. Это — отдельная вещь.
Недавно на прилавках появился после многолетнего отсутствия лук-порей. Все уже забыли, с чем его едят. Порежьте его белую часть кружочками и пожарьте на сковородке, посыпав натертым сыром. Зеленые листья не выбрасывайте — они идут в бульон вместе с кореньями. Не забудьте только потом их из кастрюли вынуть.
Еще совет: не жарьте лук и мясо в одной сковороде одновременно — или лук сгорит, или мясо недожарится. Жарьте их отдельно и соединяйте только при подаче к столу. Если у вас остался вчерашний плов и он уже не тот, разогревая, добавьте в него мелко нарезанный репчатый лук, и плов оживет. Высшее мастерство — пожарить картошку с луком так, чтобы и картошка и лук подрумянились одновременно. Лук закладывается раньше, но всего на несколько секунд. Тренируйтесь.

В общем, изучению места лука в жизни человека можно посвятить жизнь, и жизнь эта не будет прожита зря. Я не коснулся и сотой доли этого знания. Все в ваших руках!

Клара НОВИКОВА

Клара Новикова вопреки моим ожиданиям оказалась таким на удивление домашним человеком, что с момента нашей встречи иначе, как в кухонном передничке, я ее и не представляю. Клара готовила вареники с картошкой, вишней и творогом.

ВАРЕНИКИ

Исходные продукты для теста:
мука, соль.

Способ приготовления довольно прост. Сначала берем два стакана муки, наливаем кипяченую воду в муку и замешиваем тесто. В тесто Клара не рекомендует добавлять яйцо и молоко. Когда тесто достигнет нужной консистенции, делим его на три части. Раскатываем каждую часть скалочкой и делаем из раскатанного теста кружочки с помощью, скажем, стакана. Параллельно на плите варится картошка. Одна головка лука мелко режется и обжаривается в подсолнечном масле. Как только картошка готова, вода сливается, к картошке добавляем обжаренный лук с маслом, в котором он, собственно, и обжаривался, и все мнется вилкой. Теперь надо добавить яйцо и посолить. Это — начинка для вареников с картошкой.

Что касается вареников с вишней, действия наши следующие. Конечно, хорошо, если вишня у нас свежая. Если вишня, как это чаще бывает, мороженая, нужно разморозить ее как можно аккуратней, чтобы структура ее не нарушилась. Для этого нельзя торо-

питься. Лучше воспользоваться микроволновой печкой, а если ее у вас нет, то переставьте сначала вишню из морозильника в холодильник часов на 12, а потом уже выставляйте в тепло. И не вздумайте оттаивать ягоду с помощью воды. Чтобы вареники с вишней получились классическими, надо взять клубнику, размять ее с сахаром, и этим сладким соусом полить готовые вареники.

Для приготовления вареников с творогом, творог нужно замешать с яйцом и сахаром, после чего вареники лепятся на обычный манер, а при подаче на стол поливаются сметаной. Что же по поводу вареников с картошкой, то после того как они сварятся и будут поданы на стол, их во что бы то ни стало надо полить маслом, в котором находится мелко нарезанный и обжаренный репчатый лук, а также посыпать свежей, мелко нарубленной петрушкой.

Исходные продукты для начинки:

1) вареники с картошкой — картофель, лук, подсолнечное масло, соль;

2) вареники с вишней — вишня, сахар, клубника;

3) вареники с творогом — творог, сахар, яйцо.

Алексей ГЛЫЗИН

СКУМБРИЯ ПО-ГЛЫЗИНСКИ

Скумбрию Алексей выбрал по одному простому, но очень немаловажному ее качеству — ее не надо чистить. И как человек, который тоже не любит копаться руками в сырой рыбе, я его вполне понимаю.
Итак, берем скумбрию, моем, вынимаем потроха, еще раз моем и промокаем полотенцем. Помните: рыба не любит остаточной влаги! Очень мелко шинкуем чеснок и так же мелко режем зелень. В данном случае это — зеленый лук, укроп и петрушка. Каждую рыбку натираем солью с перцем, а в брюшко закладываем чеснок и зелень. Берем фольгу, каждую рыбку кладем брюхом вверх; если у нас сохранился лишний нарубленный чеснок, можем посыпать рыбку снаружи. Рыбка заворачивается в фольгу на манер пирожка. Желательно оставить внутри небольшое воздушное пространство, т. е. не обжимать рыбу фольгой со всех сторон изо всех сил. Завернутые рыбки, сохраняя свое положение (брюшком вверх), кладутся на противень и задвигаются в духовку. Печется все это на протяжении 25—30 минут. Затем аккуратно вскрываем фольгу, чтобы образовавшийся внутри бульон не пропал даром, и поливаем каждую рыбку лимонным соком. Изысканнейшая штучка!

Исходные продукты для запеченной рыбы:
скумбрия; чеснок; зеленый лук; укроп; петрушка; соль; перец; лимонный сок.

Исходные продукты для малосольной рыбы:
скумбрия; соль; сахар.

И напоследок — еще один рецепт от Глызина. Ту же скумбрию (сырую, разумеется) натираем солью с сахаром, заворачиваем в тряпочку и кладем на сутки в холодильник. Получается отличная малосольная рыбка. Ну а от себя добавлю, что, конечно, гораздо лучше, когда такое действие проделывается с рыбой свежей, ибо сколько времени провела эта скумбрия в замороженном состоянии, нам сказать не сможет никто. Впрочем, попробуйте и из мороженой. Дело нехитрое.

А. АДАБАШЬЯН

Кинорежиссер, сценарист, актер и художник Александр Адабашьян представил блюдо под названием «Ужин холостяка», что несколько странно, так как я знаю Адабашьяна как человека женатого.
Возможно, это что-то из воспоминаний о молодой холостяцкой жизни. Тем не менее блюдо, на мой взгляд, хорошо тем, что предполагает необозримый простор для полета фантазии. Я бы, со своей стороны, рискнул дополнить название формулировкой «Из всего, что осталось в доме».

«УЖИН ХОЛОСТЯКА»

В нашем случае в доме осталось: несколько яиц, сыр, ветчина, колбаса, вареная картошка, кабачок, несколько помидоров, сливочное масло, стручковая фасоль. На мой взгляд, сюда можно добавить все, что угодно. Дорогие холостяки, не бойтесь импровизации!
Итак, ветчину и колбасу мелко режем; помидоры, картошку и кабачки режем кружочками, сыр трем на крупной терке, на сковородку кладем сливочное масло, высыпаем ветчину и обжариваем. Затем укладываются кружочки кабачка, вареная картошка, колбаса и сверху помидоры. Все это дело необходимо посолить, сверху можно положить слой стручковой фасоли, накрыть сковородку крышкой и тушить некоторое время. Затем в миску разбиваем яйца, солим, перчим, взбиваем и равномерно заливаем наше блюдо на сковородке. В последний момент сверху

высыпается сыр. Когда сыр расплавится, блюдо готово. Сверху можно посыпать зеленью.

Добавление от Макаревича. По-моему, этот продукт существенно мог бы украсить репчатый лук, сладкий болгарский перец, баклажан... предлагайте дальше сами!

Исходные продукты:
яйца; сыр;
ветчина; колбаса;
вареный картофель;
кабачок; помидоры;
стручковая фасоль;
сливочное масло.

Владимир МАШКОВ и Ольга БЛОК

БЛЮДА из УТКИ

Исходные продукты:
утка; репчатый лук; соль; перец; помидоры; яблоки.

Артисты Театра-студии Табакова Владимир Машков и Ольга Блок в четыре руки молниеносно приготовили три роскошных блюда из утки. Рецепт замечательный, судите сами. Сначала с утки снимается шкурка, вынимаются потроха, срезается жир. Пупочек, шейка и костистые части идут на бульон. Утиный жир и кожицу мы режем на маленькие кусочки. Утятницу ставим на огонь и кладем туда кусочки утиного жира и кожицу, чтобы они топились. Тем временем режем лук. Для того чтобы в этот момент уберечь себя от рыданий, Владимир Машков предлагает непрерывно свистеть. Вы будете смеяться, но это действует. Впервые в жизни у меня не текли слезы. Желательно, чтобы лук был сиреневый и белый, т. е. двух сортов. Растопленный жир сливаем на сковородку и обжариваем в нем лук до золотистого цвета, солим его и перчим. Готовые шкварки вынимаем шумовочкой, кладем на бумажную салфетку, чтобы остатки растопившегося жира из них ушли, после чего тоже солим и перчим. Это готовая закуска, очень, между прочим, неслабая.

Блюдо номер два. Мелко режем помидоры и обжариваем их с нашим уже обжаренным луком, после чего перекладываем все это в утятницу, туда же укладываем утку, нарезанную на порционные куски, по краям обкладываем утку яблоками и ставим на огонь. Утка в результате получается если не постная, то, во всяком случае, нежирная, очень благородная и совершенно не потерявшая своего достоинства. Рекомендую попробовать ради интереса.

Алена СВИРИДОВА

Все-таки приятно сознавать, что в девяноста девяти случаях из ста моя интуиция меня не подводит. И от такого человека, как Алена Свиридова, я, в общем-то, и не ждал чего-то ординарного вроде котлет с картошкой. Блюдо, которое она предложила, непростое, но если хотите взглянуть на мир глазами Алены Свиридовой, попробуйте. Попробуйте — и не пожалеете!

ИРЛАНДСКОЕ РАГУ

Блюдо носит название «Ирландское рагу». Алена рекомендует использовать за основу телятину, хотя говорит, что можно заменить ее курицей или свининой.

Итак, режем мясо на мелкие куски и слегка обжариваем на разогретой сковородке. В дальнейшем каждый продукт будет обжариваться отдельно, а потом последовательно складываться в общую кастрюлю. Что касается овощей, то нам потребуются: кабачки, баклажаны, лук, картошка, помидоры и зелень. Кабачки и баклажаны мы режем кружочками, картошку — пластинами,

Исходные продукты:
мясо (телятина);
кабачки; баклажаны;
репчатый лук;
картофель;
помидоры; зелень;
соль; перец.

лук можно резать крупно. Алена рекомендует свой способ, как уберечься от слез в процессе резки лука. Для этого совсем необязательно свистеть, как это советует Машков. Достаточно просто нарезать лук как можно быстрее. Итак, в слегка обжаренное мясо мы добавляем лук и продолжаем обжаривать вместе. По завершении этого процесса в большую кастрюлю выкладываем мясо с луком, ставим на огонь, наливаем небольшое количество горячей воды и варим примерно 30 минут. Добавляем соли и перца. Потом сюда же закладываются обжаренные баклажаны, затем обжаренные в муке кабачки, затем картошка. Если не хватает воды, можно немного добавить, но помните, что нужно добавлять горячую, а лучше кипящую воду. Сверху укладываем нарезанную зелень и нарезанные кружками предварительно обжаренные помидоры. После чего кастрюля с закрытой крышкой стоит на небольшом огне еще около 3 минут, затем снимается с огня, содержимое ее тщательно перемешивается и выкладывается на блюдо. Блюдо получается фантастически красивое по цвету, вернее, по сочетанию цветов. Я бы, в свою очередь, посоветовал в порядке эксперимента не перемешивать рагу в последний момент, а аккуратно выложить его на блюдо слоями — так, как оно и готовилось в кастрюле. Пусть в конце концов каждый перемешает сам в своей тарелке. Одним словом, выберите для себя тот вариант, который вам ближе по душе. И не забудьте при этом мысленно поблагодарить Алену Свиридову.

Леонид ЯРМОЛЬНИК и его жена ОКСАНА

Известный артист и мой старый друг Леонид Ярмольник готовить не умеет. Это я вам говорю как человек, который знает, что говорит. Нет-нет, он не прикидывается, как многие, он действительно не умеет. Впрочем, уметь ему и не надо, потому что при наличии такой жены, как Оксана, не то чтобы пытаться с ней соревноваться или конкурировать, но даже просто заходить на кухню становится, по-моему, неприличным.

ВАРЕНЫЙ ПОРОСЕНОК В БЕЛОМ СОУСЕ

Итак, Леонид Ярмольник гостил у меня в передаче и всячески мешался, а его жена Оксана готовила вареного поросенка в белом соусе. Это блюдо одно из моих любимых, и мне всегда казалось, что приготовить его необыкновенно сложно. Я убедился в обратном.

Молоденького молочного поросенка нужно разрезать на порционные куски, положить в кастрюлю, залить водой, добавить лук-порей, корень петрушки, морковь, головку репчатого лука и соль. После того как вода закипит, поросенок варится 30 минут. После этого вся зелень из бульона выбрасывается, а бульон сливается и тщательно процеживается. Затем

Исходные продукты:
молочный поросенок;
лук–порей;
корень петрушки;
морковь;
репчатый лук; мука;
сметана;
черный молотый перец;
сок лимона;
каперсы;
соль; сахар;
зелень.

Оксана берет сковородку и обжаривает муку без масла до нежного розоватого цвета. Обжаренная мука заливается бульоном, смешивается миксером, добавляется сметана, две столовые ложки сахара, черный

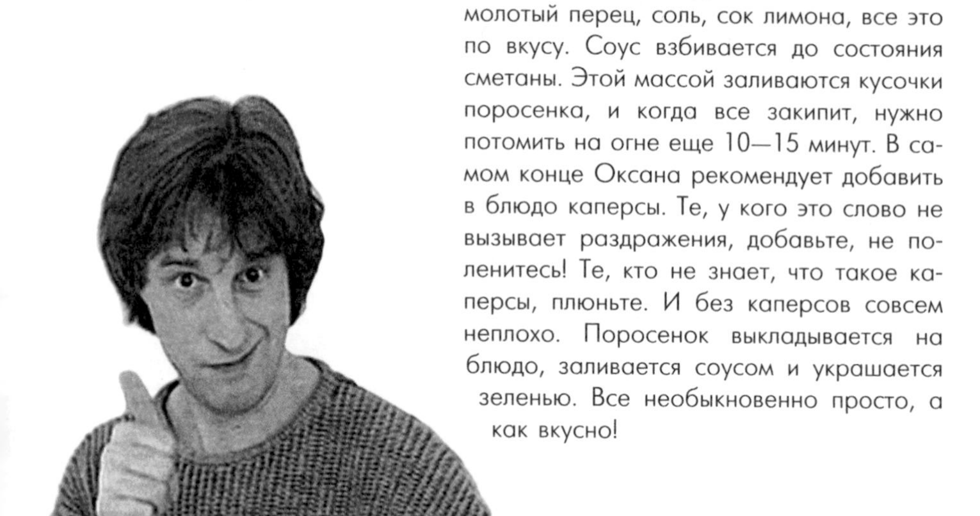

молотый перец, соль, сок лимона, все это по вкусу. Соус взбивается до состояния сметаны. Этой массой заливаются кусочки поросенка, и когда все закипит, нужно потомить на огне еще 10—15 минут. В самом конце Оксана рекомендует добавить в блюдо каперсы. Те, у кого это слово не вызывает раздражения, добавьте, не поленитесь! Те, кто не знает, что такое каперсы, плюньте. И без каперсов совсем неплохо. Поросенок выкладывается на блюдо, заливается соусом и украшается зеленью. Все необыкновенно просто, а как вкусно!

Закуска под КОНЬЯК

Этот рецепт — результат смелого эксперимента и неформального подхода к процессу, поэтому он является предметом моей особенной гордости.

Вообще вопрос «Чем закусывать коньяк?» остается открытым по сей день. На западе, где понятия «закусывать» вовсе не существует, коньяк хлещут просто так. У нас принято подавать под коньяк лимон или фрукты. Это, на мой взгляд, не совсем точное сочетание.

Царь-батюшка Николай Второй, говорят, любил насыпать на кружок лимона тонко помолотый кофе пополам с сахарной пудрой. Это уже ближе. А вот на что натолкнулись мы с Кутиковым несколько лет назад чисто, надо сказать, случайно. Не буду рассказывать при каких обстоятельствах — это неважно. В общем, порежьте лимон тонкими кружочками, сложите в стеклянную банку, щедро посыпьте сахаром и поставьте в холодильник. Там он может жить достаточно долго. Когда придет время пить коньяк — выложите дольки лимона на тарелку и на каждую положите по горке черной икры. Ручаюсь, что ничего подобного вы не пробовали — ради такого стоит раскошелиться.

Исходные продукты:
лимон; сахар; черная икра.

Иван ДЫХОВИЧНЫЙ

ФАРШИРОВАННАЯ РЫБА «ПО-ДЫХОВИЧНОМУ»

Древнейшее праздничное еврейское блюдо — фаршированная рыба — нравится мне тем, что никогда в жизни вы не попробуете двух одинаковых фаршированных рыб. В каждом городе, в каждом доме, в каждой семье эту рыбу готовят чуть-чуть по-разному. Попробуем сделать фаршированную рыбу «по-дыховичному». Нам потребуется: некоторое количество свежих карпов, маца, морковь, лук, свекла. Сначала наших карпов мы чистим и моем, после чего делим на две равные части. Первая часть будет собственно фаршированной рыбой, вторая часть пой-

Исходные продукты:
свежий карп;
маца;
морковь;
лук;
свекла;
яйца;
растительное масло;
перец;
соль;
сахар.

дет на фарш. Карпов из первой кучки мы аккуратно режем на куски поперек, не разрезая брюшко. Из каждого карпа получается 5—6 кусков. Толщина их варьируется от 2 до 4 см. Из каждого куска нужно аккуратно вынуть потроха, стараясь не разрезать кожу внизу, чтобы у нас получился как бы бублик, замкнутый кружок. Морковь и свеклу чистим, режем довольно крупными кусками, впрочем, часть моркови можно порезать кружочками, в конце узнаете, зачем. Мацу следует пропустить через мясорубку. Вторую часть нашей рыбы чистим и потрошим обычным способом, аккуратно срезаем ножом всю мякоть, которая пойдет на фарш (не вздумайте при этом выбрасывать плавники и кости — все пойдет в дело!). Готовим фарш. Рыбное филе проворачиваем через мясорубку, добавляем мацу, провернутый через мясорубку репчатый лук, немного растительного масла, 2—3 сырых яйца, черный молотый перец и соль. Фарш по своему состоянию должен напоминать котлетный. Не поленитесь тщательно перемешать его руками, некоторые хозяйки (отклоняясь от «школы Дыховичного») рекомендуют даже побить этот фарш о поверхность стола. Одним словом, он должен быть не жидкий, но и не рассыпчатый, и пышный. Далее куски нашей рыбы, вернее, те отверстия, которые остались в кусках нашей рыбы благодаря вынутым внутренностям, мы плотно начиняем фаршем. В большую глубокую кастрюлю на дно мы помещаем оставшиеся от карпов хребты, плавники,

хвосты; затем крупно нарезанный лук, крупно нарезанные морковь и свеклу, черный перец горошком. Куски фаршированной рыбы аккуратно укладываются слоями друг на друга. Старайтесь при этом, чтобы фарш из рыбы не вываливался. Если вы не рассчитали, и у вас остался лишний фарш — сделайте из него фрикадельки и положите туда же. Сверху всыпаем один стакан сахара, заливаем водой так, чтобы рыба, верхние куски, были едва прикрыты. Накрываем крышкой кастрюлю, ставим на огонь. Сначала на сильный, а после того как вода закипит — на слабый. Блюдо должно готовиться приблизительно три с половиной часа. Наберитесь терпения. В процессе готовки, ближе к концу, можно попробовать бульон и подсолить или подсластить его по вкусу. По истечении трех с половиной часов куски рыбы аккуратно выкладываются на глубокую тарелку, заливаются бульоном; каждый кусочек можно украсить сверху кружочком вареной морковки. Вот для чего они нам понадобились. Употребляется в застывшем виде. Впрочем, я очень люблю и в горячем. Если все-таки в холодном — подайте к нему хрен. Лучше красный.

Очень рекомендую это блюдо всем, кто его ни разу в жизни не пробовал. Отведайте — может быть, и взгляды на жизнь отчасти изменятся.
С приветом, Андрей.

Елена ЯКОВЛЕВА

Елене Яковлевой я верил всегда. И в кино, и на сцене театра, поэтому не испытывал никаких опасений, когда она пришла ко мне на кухню. Она принесла с собой два рецепта: фаршированные помидоры и салат из креветок. Оба рецепта, на мой взгляд, несколько женские, но, с одной стороны, это не делает их хуже, верно? С другой стороны, было бы странно, если бы Елена Яковлева принесла два мужских рецепта.

ПОМИДОРЫ ФАРШИРОВАННЫЕ

Итак, рецепт номер один — фаршированные помидоры. Лена предлагает нарезать ветчину или копченый окорок, грибы шампиньоны. Впрочем, шампиньоны используются от безысходности. Если есть гриб лесной, то лучше использовать его. Далее следует приготовить помидоры. У них отрезается шляпка (шляпка — это слово Елены Яковлевой). Я бы без нее довольно долго думал, где у помидора находится шляпка. Итак,

Исходные продукты:
помидоры;
копченый окорок или ветчина;
шапминьоны;
соль; перец;
сливочное масло;
лимонный сок;
репчатый лук;
сливки;
сухое вино.

острым ножом срезается шляпка и вырезается сердцевина. Внутри помидор перчится и солится. Работа очень деликатная и исключительно для женских рук. Далее на сковороде растапливается сливочное масло. Нарезанные грибы сбрызгиваются лимонным соком и обжариваются. «Уже пикантная вещица»,— подумал я про себя. Далее мельчайше рубится репчатый лук (мы делали это в комбайне) и добавляется на сковородку к шампиньонам. Туда же вливаются 3 столовые ложки сливок и 20 г сухого вина — тоже изысканное добавление. В моем сознании сочетание сливок и сухого вина ни к чему хорошему привести не может. Как правило, я ошибаюсь. Далее все обжаренное выливается из сковородки в миску, туда добавляется мелко нарезанная ветчина и перемешивается. Это и есть фарш — начинка для помидоров. Потом каждый помидорчик аккуратно заправляется готовой начинкой, сверху на крупной терке натирается предварительно замороженное сливочное масло и все это дело ставится в духовку. Как только масло растаяло — это знак того, что помидоры готовы.

САЛАТ ИЗ КРЕВЕТОК

Исходные продукты:
креветки;
соль; перец;
чеснок;
растительное масло;
томатная паста;
сметана;
коньяк;
лимонный сок;
зелень;
красная или черная икра.

Теперь блюдо номер два — салат из креветок. Креветки варятся в воде с солью и перцем, и здесь необходимо мое уточнение: в последнее время у нас в продаже появилось большое количество разнообразных отечественных и импортных креветок, и некоторые из них варено-мороженые, некоторые — сыро-мороженые. Две эти фазы следует разделять, потому что если креветка варено-мороженая, то достаточно довести ее до горячего состояния, а если переварить уже однажды вареную креветку, то она может превратиться в эдакое подобие резины и никакого удовольствия за столом вам не доставит.

Итак, креветки варятся в воде с солью и перцем. Далее — готовим соус. Соус в этом салате, как я понимаю, главное. Один зубчик чеснока измельчается и обжаривается в масле. Сюда же кладется одна столовая ложка томатной пасты и одна столовая ложка сметаны, а также чайная ложка коньяку. Дерзко, не правда ли? Готовые креветки сливаются, поливаются лимонным соком и заливаются готовым соусом. В последний момент полученный салат можно припорошить мелко нарубленной зеленью, а также украсить ложечкой красной или черной икры. Милые женщины! По моему глубокому убеждению, если вы ждете в гости мужчину, к которому неравнодушны, попытайтесь к его приходу приготовить что-нибудь подобное. И клянусь вам, он — ваш навеки.

Юрий РОСТ

Сразу три рецепта от замечательного человека Юрия Роста: копченая рыба, приготовленная в домашних условиях; картофельный салат закусочный и водка, приготовленная из подручных средств. Сразу оговорюсь, касаясь третьего рецепта, все дословно мной пересказанное оставляю на совести Юрия Роста. В принципе, доверять ему следует. Хотя лично я бы при наличии обычной водки фабричного производства на такой сложный технологический процесс не пошел бы.

КОПЧЕНАЯ РЫБА, КАРТОФЕЛЬНЫЙ САЛАТ И ВОДКА

Исходные продукты для копченой рыбы:
свежий карп;
соль.

Итак. Рецепт номер один. Берем карпа, чистим его, хотя, как говорит Юрий, это можно проделать с любой другой жирной рыбой. Это может быть и не рыба, а, например, утка, курица или кусок свинины. Нам потребуется большая глубокая кастрюля, которую вам не жалко, и решетка, отстоящая от дна кастрюли на несколько сантиметров. На дно кастрюли мы насыпаем опилки вишневого, ольхового, грушевого, на крайний случай, можжевелого дерева, можно, впрочем, использовать и дуб. Рыбу подсушиваем полотенцем, солим. Натираем решетку маслом, укладываем рыбу сверху, накрываем кастрюлю крышкой и ставим на огонь на 30 минут. Загубленную кастрюлю и запах в квартире на всю оставшуюся жизнь я вам гарантирую.

Теперь салат. Рецепт необычный, но замечательный. Варим 3—4 картошки в мунди-

Исходные продукты для салата:
картофель;
лук; оливковое масло;
лимонный сок; зелень.

Исходные продукты для водки:
виноградный сок — 250г;
спирт — 200г.

ре; чистим лук, режем тонкими кружочками и пропитываем лимонным соком с оливковым маслом. Лука потребуется много. Количество лука и количество картошки должно соответствовать друг другу. Горячая картошка в мундире чистится, режется крупными кусками и перекладывается в лук с маслом и лимонным соком. Полученное блюдо перемешивается, затем посыпается зеленью. Салат готов, только он пока горячий, а на том, чтобы класть в салат именно горячую картошку, Юрий Рост настаивает. Он утверждает, что температура убивает горечь лука. Теперь достаточно этот салат остудить, и можно им закусывать. Что же мы будем им закусывать? А вот что. Рецепт номер три. Внимание! В кастрюлю вливаем 250 грамм виноградного сока, доводим до кипения, в кипящий виноградный сок вливаем 200 грамм спирта, закрываем крышкой, чтобы спирт не улетучился, охлаждаем напиток и имеем, по утверждению Роста, домашнюю водку. Не знаю, не знаю, попробуйте. Во всяком случае, за все остальное отвечаю.

О КАРТОШКЕ

Трудно представить себе русский стол без картошки. Картошка — пожалуй, основная составляющая русского пищевого патриотизма, и отсутствие ее в компании соленых огурцов, грибочков и селедочки просто немыслимо. И невероятным кажется тот факт, что каких-то триста лет назад о картошке на нашей земле и слыхом не слыхивали, и прекрасно без нее обходились. Ее заменяла брюква. Та самая, которой сейчас на базаре днем с огнем не сыщешь. Насильственное насаждение картошки на Руси приписывается Петру Первому, за что ему спасибо большое. Навсегда вытеснив брюкву, картошка прочно заняла центральное место на нашем столе.

Модно рассуждать о вредности картошки. И нитраты она в себе копит, и крахмала в ней многовато, отчего у людей отрастают свиные бока. Дейсвительно, не самая легкая пища. А кто говорил, что будет легко? Врачи не рекомендуют употреблять картошку с мясом. Но это ведь не единственно возможное сочетание.

Каждую весну я устраиваю себе праздник. Он связан с некоторыми расходами, но с другой стороны, любой праздник связан с расходами. Как только на рынке появится первая молодая картошка — не поскупитесь, купите пару килограммов. Еще вам понадобится укроп, чеснок, сливочное масло, буханка свежего черного хлеба и, я извиняюсь, конечно, бутылочка водочки. Просто сварите катошку (не вздумайте чистить!) в чуть подсоленной воде — варится она очень быстро. Слейте воду, бросьте в кастрюлю нарубленный укроп с чесноком, кусок сливочного масла, накройте крышкой, потрясите, чтобы все перемешалось, немедленно несите к столу. И праздник войдет в ваш дом.

Американцы берут крупную картофелину, моют, но не чистят, делают у нее на спине продольный вырез, кладут туда соль, масло, чеснок, заворачивают в фольгу, пекут в духовке, положив вырезом вверх. Не разворачивая фольги, раскладывают по тарелкам. Неплохо.

Всей нашей книги не хватило бы, если бы я взялся перечислять способы приготовления картошки и блюд из нее. Думаю, и у вас нашлось бы, чем поделиться.

Остановлюсь на одном блюде. Вы будете смеяться, но это — пюре. При кажущейся простоте это штука очень тонкая, испортить его ничего не стоит. Некоторые наивно полагают, что чем больше добавить в пюре молока и масла, тем лучше. Чудовищное заблуждение!

Итак, мой способ:

очищенная и крупно нарезанная картошка варится в НЕБОЛЬШОМ количестве воды, слегка подсаливается. Как только картошка сварилась, сливаем воду, но не в раковину, а в посудину — она нам еще понадобится. Кастрюля при этом остается на МИНИМАЛЬНОМ ОГНЕ, картошка моментально подсыхает, и тут следует ее размять, постепенно подливая ту самую воду, в которой она варилась. Высшее мастерство — не снимать ее при этом с огня и, конечно, не ошибиться с количеством воды. Одновременно берем ПРИМЕРНО РАВНОЕ количество молока и сливочного масла, разогреваем молоко и растворяем в нем масло. Эта суспензия вливается в помешиваемое пюре последней.

И еще одно. Никогда не разогревайте пюре на сковороде — загубите продукт. Пюре разогревается в той же кастрюле, в которой делалось и хранилось, на самом медленном огне с добавлением небольшого количества горячей воды. И — помешивать! Непременно помешивать.

Исходные продукты для весеннего праздника:

молодая картошка;
укроп; чеснок;
сливочное масло;
соль; черный хлеб;
водочка.

Исходные продукты для картофеля по-американски:

картошка;
сливочное масло;
соль; чеснок.

Исходные продукты для пюре:

картошка;
молоко;
сливочное масло;
соль.

Леонид ЯКУБОВИЧ

Леонида Якубовича я знаю много лет как человека веселого, взрывного, сверхэмоционального и постоянно жду от него каких-нибудь сюрпризов.
Когда он объявил, что будет готовить индейку, я несколько растерялся. Приготовление индейки — дело довольно скучное и долгое. Как-то у меня этот процесс не вязался с характером Леонида.

ИНДЕЙКА С БОЛЬШОЙ БУКВЫ

Исходные продукты:
индейка; сыр сулугуни; репчатый лук; картофель; растительное масло; мед; сливочное масло.

Тем не менее на кухне происходило следующее. Непрерывно шутя и жестикулируя, Леня натер тушку индейки солью. Делал он это страстно, вспоминая о том, что кулинария — практически сестра эротики. Затем подрезал ножом кожицу на шее индейки и снял ее, как чулок. В качестве начинки для этой шкурки от шеи, пошел сыр сулугуни, нарезанный кусочками, лук, обжаренный до золотого цвета, а также потрошка, вынутые из индейки загодя. После этого шейка была аккуратно зашита и уложена на противень рядом с птицей. Когда я поинтересовался, откуда такие профессиональные познания, Леня открыл мне секрет, что давно уже дружит с шеф-поваром Александром Степановым из ресторана «Метрополь». Отсюда, собственно, и подготовка. Итак, на противень, предварительно смазанный маслом, была уложена индейка, зашитая шейка, а также начищенная картошка, из которой

Леня любовно вырезал грибочки. Честно вам скажу, меня бы на это никогда не хватило. Я, вообще-то, не сторонник такого утонченного эстетства. В растопленное сливочное масло была добавлена ложка меда и тщательно все перемешано. Полученной смесью Леонид обмазал индейку для того, чтобы корочка ее была поджаристой и золотистой. На мой взгляд, он не сделал одной важной вещи. Поскольку индейка — одна из самых сухих птиц, лично я рекомендую хозяйкам растопить в кастрюльке граммов двести сливочного масла, затем, ничего не стесняясь, взять обычный медицинский 10-кубовый шприц и с его помощью вогнать растопленное масло во все мягкие части птицы. Это сделает блюдо более сочным и нежным. Тем не менее Якубович обмазал индейку маслом, смешанным с медом, затем накрыл птицу салфеткой, поставил в духовку, заметив при этом, что, если хозяйке жалко салфетки, можно использовать фольгу. Духовку он включил на 120 градусов, что тоже несколько расходилось с моими познаниями. Лично я предпочитаю крупную дичь сначала жарить при высокой температуре — примерно градусов 180, а когда корочка появится, убавить температуру до 120 и, может быть, тогда уже и накрыть птицу, чтобы она продолжала томиться. Здесь было сделано все наоборот. Индейка непрерывно поли-

Для украшения:
клубника, вишня, киви, ананасы, петрушка.

валась маслом, процесс был долгим и не очень интересным и занял чуть больше 2 часов.

Результат превзошел все ожидания. Индейка была очень красива, прожарена и не жестка. Хотя, может быть, нам просто повезло с конкретной птицей. В украшательстве блюда Леонид превзошел все допустимые и недопустимые границы. Он использовал клубнику, вишню, нарезанные киви, петрушку, даже обжаренные в масле ананасы.

Надо сказать, что, видимо, уроки его друга, шеф-повара из ресторана «Метрополь», не прошли даром. Птица получилась Праздничной, с большой буквы.

О САЛАТАХ

Возможно, я ошибаюсь, но мне кажется, что салаты в сознании нашего человека выглядели всегда вещью второстепенной и даже излишней. Что в еде всегда было основным? Первое, второе и компот. Это правило, правда, не касалось семейных торжеств. Тут уж хозяйки раскрывались как могли.

Салаты я люблю за неограниченное поле для импровизации. В принципе соединение даже двух компонентов уже можно назвать салатом. Лук — это просто лук, а лук с майонезом — уже салат.

Итак, если вы взялись за свежие овощи — помните, что огромное значение имеет характер нарезки. Помидоры можно порезать крупными дольками, чтобы сок сохранился внутри каждой, можно кружочками, а можно совсем мелко, и это будет три разных салата. Если хотите поразить гостей — удалите с помидоров шкурку. Окатите их кипятком, и когда шкурка лопнет, аккуратно снимите ее руками, стараясь не помять помидоров. Это не очень просто, но если получится — просто положите их поверх зеленого салата — гости ахнут. Вообще старайтесь, чтобы в салате все компоненты были порезаны на четыре части. Что касается заправки — попробуйте в овощном салате заменить уксус соком лимона — и поймете, что нет предела совершенству. Если вы используете в салате свежую капусту — порежьте ее потоньше (вещь все-таки грубоватая), затем выдавите на нее сок лимона и как следует пожмите руками — и это будет совсем другая капуста.

Настоятельно рекомендую вам: создавая салат, не бойтесь соединить несоединимое (как вам казалось) — настоящие открытия делаются именно так. Помните, что соленые огурцы с медом — старинная русская еда.

Вот вам за основу такой рецепт: берем мелкие греночки из белого хлеба (как для бульона), режем соломкой ветчину или буженину, зеленый салат, обжариваем на сковородке порезанный репчатый лук, все соединяем. Заправка — сметана пополам с майонезом. Или одна сметана? Или один майонез? И что туда еще можно добавить? Сырые шампиньоны? Орехи? А ну-ка думайте сами!

Группа «КАРМЕН»

Артисты бывают разные. Бывает такой артист или, скажем, артистка, что смотришь на нее и сразу представляешь, как изумительно она может что-то приготовить в узком семейном кругу или в кругу друзей. Бывают же артисты, которые, несмотря на высокое качество своей работы на сцене, никак не ассоциируются у меня ни со столом, ни тем более с приготовлением этого стола. К подобным артистам я относил и Сергея Лемоха, солиста и руководителя группы «Кармен». Поэтому когда он пришел ко мне на кухню, ничего хорошего в смысле кулинарии от этого посещения я не ждал. Тем не менее лишний раз мне пришлось удивиться и удивиться сильно. Мне был предложен рецепт салата, о котором я услышал впервые.

Салатов существует великое множество, но далеко не все из них являются моими любимыми или даже, скажем, приемлемыми. Свой салат группа «Кармен», пришедшая, кстати, в полном составе, назвала «Али-Баба», потому что, как они сказали, этот салат имеет казахские корни (хотя Али-Баба, насколько я знаю, казахом не был).

САЛАТ «АЛИ-БАБА»

Исходные продукты:
сыр; макароны; капуста; огурцы; помидоры; зелень; майонез.

В качестве исходных продуктов были взяты сыр, макароны, капуста, свежий огурец, помидоры и зелень. Макароны были отварены, сыр натерт на крупной терке, все овощи были старательно нарезаны ровными небольшими кубиками. Вначале эта работа раздражает, но минут через 10—15 втягиваешься и даже получаешь какое-то удовольствие. После этого овощи загружаются в салатницу, заливаются большим количеством майонеза. Туда добавляется нарубленная зелень. Потом кладутся сваренные, откинутые на дуршлаг и остывшие макароны и натертый на крупной терке сыр. Продукты тщательно перемешиваются. К этому салату Сергей Лемох рекомендует легкие сухие столовые вина. Я его вполне понимаю. Ведь действительно оригинальная и очень-очень неплохая закуска.

Об ОВОЩАХ

Скажу прямо — овощи не занимают в моей жизни такого места, как, скажем, мясо или рыба. И в общей картине стола я воспринимаю их скорее как прелюдию. Хороши свежие огурцы, помидоры, зеленый лук, лежащие на большом блюде посреди стола. Если у вас есть свой огород — вы счастливый человек. Ибо я заметил, что настоящий, ЖИВОЙ вкус сохраняется у овощей не долее 15 минут с того момента, как вы сорвали их с грядки. Потом он уходит навсегда. На Руси как нигде развита культура засолки, мочения, маринования. Соленый огурец, например, можно еще встретить в Иране или Ливане, а вот малосольный — пожалуй, нигде, кроме как у нас. Зато в Турции на улице вместо мороженого вам предложат разрезанный вдоль свежий огурец, посыпанный солью. И это будет совсем неплохо. А что делают в Молдавии с болгарским перцем! Его ошпаривают на решетке, аккуратно снимают шкурку, вынимают сердцевину с зернышками. Потом — несколько минут жарят на раскаленной сковороде в растительном масле с добавлением капельки уксуса! И все! Или нет — возьмите небольшие баклажаны. Надрежьте каждому спинку вдоль, подержите в воде час-другой, потом засуньте в надрезы по кусочку бараньего жира с солью и жарьте на той же решетке! А кабачок, нарезанный на ровные кружочки? Соль-перец — мука — сковорода? А если вы тонко-тонко порежете свежую хрустящую капусту, крепко пожулькаете ее руками и добавите чуть-чуть лимонного сока — это великолепная основа для любого салата. А знаете, как снять шкурку с помидора? Его надо окатить кипятком. И шкурка лопнет. Снять ее потом — дело не очень простое, зато помидор превращается в нечто небычайно нежное. Или вот еще: возьмите соевый соус, мед, горчицу. Смешайте в пропорциях, которые подскажет вам сердце. А теперь возьмите целые листья салата, полейте этим соусом и немедленно ешьте! Стоять это блюдо не может, но оно обычно больше пяти минут и не стоит. Не выходит. Следующий рецепт я изобрел сам, а потом неожиданно получил подтверждение от коммерческого директора агрофирмы «Белая дача» Алексея Семина. Уж кто-кто, а он в овощах толк знает. Итак, берем равное количество разнообразных овощей. Ограничений нет. Скажем, кабачки, баклажаны, стручковая фасоль, помидоры, болгарский перец, репчатый лук. Режем овощи на кусочки примерно одинаковой величины. И обжариваем по очереди в раскаленном растительном масле, постоянно помешивая. Очень хорош для этого казан, но сойдет и сковорода. Обжаренные овощи складываются в эмалированную или стеклянную посуду. Помните, что блюдо будет получаться абсолютно различным по вкусу в зависимости от времени обжарки и даже крупности порезки овощей. Я не люблю пережаривать овощи, Семин, напротив, настаивает. Попробуйте и так, и так. Последним жарится лук с ДОВОЛЬНО БОЛЬШИМ КОЛИЧЕСТВОМ САХАРА. Потом все перемешивается, соль и перец добавляются по вкусу, сверху можно выдавить немного чеснока. Хорошо и в горячем, и в холодном, и даже в консервированном виде.

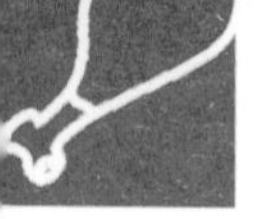

Группа «ЛИЦЕЙ»

Заявляю публично во всеуслышание и в который раз: солистка группы «Лицей» Настя Макаревич не является моей дочерью. Она — моя племянница, впрочем, это ничего не меняет.

Итак, группа «Лицей», состоящая из трех юных, очаровательных и веселых девушек, захватила мою кухню, и мне было сообщено, что сейчас будет приготовлена курица. Поскольку на кухне стало тесно, я практически не участвовал в процессе и с интересом наблюдал за этим молодежным движением. Впервые, кажется, мне не пришлось резать лук и выполнять черную работу.

КУРИЦА с РИСОМ и БАНАНАМИ

Разморозив в микроволновке птицу, девушки разрезали ее на мелкие кусочки, сообщив перед этим, что приготовление пищи обязательно должно приносить радость и удовольствие. От настроения в момент приготовления зависит вкус блюда. С этим я поспорить не мог.

Итак, курица была порезана на небольшие кусочки, после чего были очищены 3 дольки чеснока, мелко нарезана зелень. Все это дело перемялось и перемешалось с помощью вилки. Чем тщательнее, тем вкуснее, уверяли артистки.

Далее кусочки курицы были посолены и обмазаны аджикой, после чего девочки нашпиговали их чесноком. Для этого им даже не пришлось делать в мясе специальные отверстия, так как в силу природной конструкции птицы эти отверстия находились естественным путем.

Нашпигованные и натертые аджикой кусочки курицы были вполне профессионально и не без юмора обжарены на сковородке в растительном масле. Причем сверху курица была накрыта крышкой, а на крышку был поставлен гнет. Все это напоминало мне приготовление цыпленка табака. Пока ничего оригинального.

Тем временем на плиту был поставлен вариться рис. По истечении 15 минут кусочки курицы перевернули. Надо сказать, это было сделано вовремя. А вот дальше пошло необычное. Девочки почистили бананы и нарезали их вдоль, после чего обваляли куски бананов сначала в муке, а затем во взбитом яйце. Я бы, честно говоря, сделал наоборот, но в этой программе дал себе слово не вмешиваться.

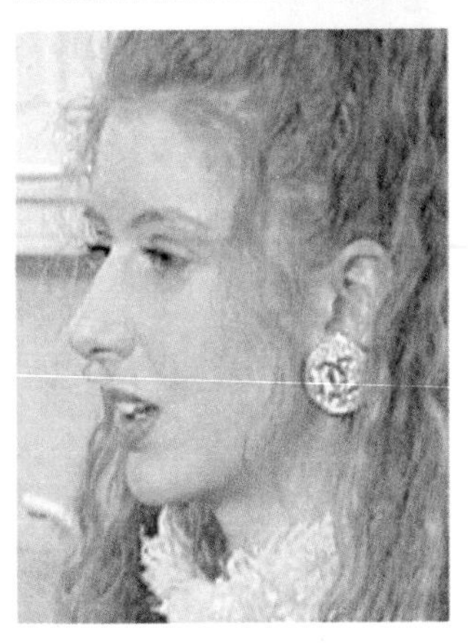

Готовый рис выложили на большое блюдо, сверху положили курицу. Бананы обжари-

Исходные продукты:
курица; чеснок; соль; перец; аджика; зелень; растительное масло; рис; бананы; мука; яйцо.

ли на той же сковородке и в том же масле, где доходила птица. Жарить их долго не пришлось. Бананы разложили по кругу на то же блюдо, и весь ансамбль припорошили рубленой зеленью.
Ей-Богу, получилось очень недурно и вполне по-девичьи.

Анне ВЕСКИ

Все-таки приятно, что мир хотя бы местами базируется на гармонии. Анне Вески, как я и ожидал, предложила рецепт национальной эстонской кухни. И действительно, странно было бы, если бы она, например, учила меня, как делать шашлык по-карски.

ЭСТОНСКОЕ ОВСЯНОЕ ПЕЧЕНЬЕ

Исходные продукты:
грецкие орехи;
мука — 250 г;
сахар — 200 г;
геркулес «Экстра» — 1/4 коробки;
сода — 1/2 ч. л.;
мед — 1 ст. л.;
яйца — 2 шт;
сливочное масло — 250 г;
лимонный сок.

Эстонское овсяное печенье. Слушайте и запоминайте. Вам потребуются: грецкие орехи, 250 г муки, 200 г сахара, 1/4 коробки геркулеса «Экстра», 1/2 чайной ложки соды, немного лимонного сока, столовая ложка меда, 2 яйца и 250 г размягченного сливочного масла. Для начала натрем на терке грецкие орехи. Занятие это противное, но единственное утомительное, связанное с этим блюдом. Дальше все пойдет практически молниеносно. Перемешиваем все компоненты, разогреваем духовку до температуры 220°, делаем маленькие шарики и укладываем на смазанный маргарином противень. Выпекаем 30 минут. Попробуйте — ощутите себя настоящими эстонцами! Можно даже сказать — настоящими горячими эстонскими парнями!

О ГОРЧИЦЕ

Зачем самому готовить горчицу? Всяческих горчиц в продаже появилось предостаточно. При этом, правда, практически исчезла с прилавков наша родная, отечественная, та самая, от которой слезы из глаз и насморк проходит сам собой. Я ее очень, признаться, любил. В основном за то, что с ней можно было съесть любую гадость.

В бытность мою студентом хлеб (так же как соль, перец и горчица) стоял в забегаловках на столах бесплатно. Из всех этих компонентов, соединенных в равных пропорциях, полу-чалось блюдо, называемое «адский бутербродик». С этим бутербродиком можно было пить пиво целый день, и бутербродик не кончался. Нынешние иностранные горчицы, конечно, пожиже — пожара во рту уже не получится. Другое дело, что, может быть, он не всем и нужен. Тогда спокойно идите в магазин и покупайте, что вам там предложат — польскую, немецкую, какую угодно. А я обращаюсь к тем, кто не чужд поиска и кого не вполне устраивает готовый продукт фабричного производства. Конечно, горчицу можно и нужно делать самому. Все зависит от условий и возможностей. Скажем, на зоне, если удастся в санчасти раздобыть горчичник, соскобли с него порошок, добавь водички — вот тебе уже и горчица. А если еще найдется соль, сахар и уксус — это уже королевская горчица.

Мы с вами пока, слава Богу, не на зоне. И рецепт, который я хочу вам предложить — это, собственно, не рецепт, а та палитра возможностей, из которой выбирать вам. По своему вкусу. И изумленные ваши гости будут вопрошать: «Где это вы раздобыли такую горчицу, дружище?». А вы будете хитро посмеиваться и переводить разговор на другую тему. Итак, основа любой горчицы — горчичный порошок. У нас он продается и в аптеках, и в гастрономах и бывает, по-моему, только одного вида, но при этом он вполне нормальный. Варианты: его можно варить в воде, просто заливать горячей водой, заливать горячим уксусом, заливать горячим уксусом пополам с вином, горячим уксусом и растительным маслом. И в каждом случае горчица будет совершенно разной. Но это пока только основа. Теперь поставьте вокруг себя: размолотые ржаные сухари, оливки и маслины, селедку, селедочный рассол, капер-

Палитра возможностей для приготовления горчицы:
горчичный порошок; уксус; вино; растительное масло; ржаные сухари; сливки; маслины; селедка; селедочный рассол; каперсы; гвоздика; эстрагон; перец; мед; соль; сахар; печеные яблоки; груши; орехи; любые специи.

сы, гвоздику, эстрагон, перец, любые специи на ваш вкус, мед, соль, сахар, печеные яблоки (лучше кислые), сваренные в воде до мягкости очищенные груши, толченые орехи и вообще все, что подскажет вам ваша фантазия. Два общих обязательных правила: в горчице не должно быть комков, поэтому все выбранные вами компоненты должны быть тщательно протерты — в процессоре или сквозь сито. И второе: горчица обязательно должна настояться — хотя бы несколько дней, и желательно при комнатной температуре. Потом ее можно будет убрать в холодильник. Так что вкус продукта, приготовленного только что — совсем не тот вкус, которым он будет обладать спустя три-четыре дня — имейте это в виду. И не вздумайте вбухать в вашу горчицу все, что я тут перечислил,— художник выбирает для своего полотна только нужные ему краски.

Помните — компоненты можно закладывать в кипящую горчичную основу, просто в горячую, в отывающую, да и сами компоненты могут быть горячими и холодными — все влияет на результат и я специально не даю вам советов. Дерзайте! Если вдруг не получится — ничего, не корову загубили. Попробуйте в следующий раз по-другому, и верьте мне, наступит момент, когда вы почувствуете себя Архимедом, воскликнувшим «Эврика!».

Наталья ПЛАТИЦЫНА

Певица Наталья Платицына большого доверия применительно к кухне, честно сказать, поначалу у меня не вызвала. Не похожа она была на человека, который на кухне чувствует себя в своей тарелке. Однако я ошибся, и ошибся сильно. Наталья замахнулась на совсем не женское блюдо и довела дело до конца с честью и достоинством.

В самом начале программы выяснилось, что Наташа родилась в Таджикистане, и дед ее — таджик. Это уже многое прояснило. Речь шла о супе «шурпа». Уж где-где, а на Востоке знают, что такое шурпа и как ее готовить.

ШУРПА

Исходные продукты:
мясо молодого барашка на ребрышках;
репчатый лук;
зелень; соль.

Итак, для начала берется большая кастрюля. Большая, потому что шурпы должно быть много. Я, вообще, с трудом припоминаю какое-нибудь восточное блюдо, которое готовится в небольшом количестве. Сразу предполагается огромный стол, большое скопление гостей, общее веселье, праздник, одним словом.

Мясо молодого барашка, желательно, конечно, не мороженое, а именно не просто мясо, а ребрышки, опускается в кипящую воду. Я, честно говоря, посоветовал бы опускать барашка в холодную воду и потом доводить до кипения, поскольку варим мы не только мясо, но и непосредственно бульон. Но я — это я, а Платицына — это Платицына, и у меня, в конце концов, нет деда-таджика. Так что, может быть, ей виднее.

Пока варится баранина, репчатый лук нарезается кубиками. Лука, как утверждает Наталья, должно быть много, больше, чем мяса, практически в полтора раза. А мяса она бухнула в кастрюлю немало. Ни в коем случае не надо забывать снимать пену, иначе шурпа получится мутной и не очень вкусной.

Итак, пена снята, бульон томится; ничего, кроме баранины, туда класть не нужно. Когда баранина дойдет практически наполовину, закладываем в кастрюлю лук, и вот теперь суп можно посолить. Баранина берет много соли, и Наташа солит шурпу щедро. И когда суп окончательно готов, перед тем как подавать его на стол, в него кладется большое количество мелко нарубленной зелени. К шурпе Наташа рекомендует приготовить салат, а перед этим подать зеленый чай. Салат состоит из помидоров, репчатого лука, нарезанного тонкой соломкой (интересный, кстати, способ), и зелени. Салат посыпается солью, перчится и поливается растительным маслом. Как заваривать зеленый чай? Примерно так же, как черный.

В результате получился очень неплохой восточный стол, за что Наташе большое спасибо.

Наталья ВАРЛЕЙ

Наталью Варлей — героиню «Кавказской пленницы», предмет поклонения мужского населения всей страны, я знал давно. Мало того, знал, что она — убежденная вегетарианка, поэтому был несколько подготовлен к встрече с ней на кухне. Наташа принесла с собой проект пирога с капустой. Постараюсь воссоздать ход событий в их непосредственной последовательности.

ПИРОГ С КАПУСТОЙ

Для начала в 1 стакане воды с десертной ложкой сахара мы распустили полпачки дрожжей. 3 стакана муки соединяются с 1 пачкой сливочного масла, чтобы получился эдакий сыпучий продукт. Как только дрожжи поднялись шапкой, заливаем их в муку с маслом, добавляем одну ложку растительного масла, мешаем, протыкаем пальцами, жулькаем, лепим, одним словом, доводим тесто до кондиции. Доведя до кондиции, накрываем его полотенцем.

Капусту мелко режем, заливаем водой и ставим тушить. Пока тушится ка-

Исходные продукты для теста:
сахар;
дрожжи;
мука; сливочное масло.

Исходные продукты для начинки:
растительное масло;
капуста;
варенные яйца;
зелень;
зеленый лук.

пуста, режем вареные яйца, зелень; форма щедро смазывается маслом. Далее половина нашего теста раскатывается и кладется в форму. Чем тоньше тесто, тем вкуснее, говорит Наталья. Тушеная капуста откидывается на дуршлаг, чтобы лишняя влага ушла. На тесто выкладывается капуста, которая должна быть чуть-чуть солонее, чем обычно. Сверху капуста посыпается яйцом, потом зеленью. К зелени можно добавить зеленый лук. Также можно начинить пирог грибами, рисом, мясом, картошкой — словом, всем, чем душе угодно. Сверху пирог закрывается вторым слоем теста, края растягиваются и слепливаются с краями нижнего пласта. Тесто протыкается вилкой до начинки и сверху смазывается растопленным маслом.
Когда пирог испечется, вам подсказывать не надо. Вы это увидите сами — увидите и услышите по запаху. Попробуйте, не пожалеете! Вспомните тогда Наташу Варлей.

Игорь САРУХАНОВ

Игорь Саруханов оказался не только тонкой музыкально-поэтической натурой, но и человеком, отлично понимающим толк в закуске, а стало быть, видимо, и в выпивке. Впрочем, в последнем я не сомневался. Итак, был предложен следующий набор. Блюдо из картофеля с салом под романтическим названием «Кораблики», бутербродики из селедки и водка «под шубой».

«КОРАБЛИКИ», БУТЕРБРОДИКИ из СЕЛЕДКИ и ВОДКА «ПОД ШУБОЙ»

Начнем с «Корабликов». Все оказалось очень просто и вместе с тем красиво. Для начала мы почистили картошку, причем старались отбирать продолговатые картофелины и каждую разрезали вдоль. После чего, достав из морозилки хорошо охлажденное сало, отрезали от него тонкие-тонкие ломтики в виде прямоугольников и треугольников. Далее деревянная зубочистка шла на мачту, а кусочек сала, согнутый полукругом и дважды надетый на зубочистку, напоминал парус. Следующим движением мачта втыкалась в плоскую часть полукартофелины, таким образом получался кораблик.

Исходные продукты для «Корабликов»:
картофель; сало; соль.

Исходные продукты для бутербродиков:
черный хлеб; яйца; селедка; репчатый лук.

Если сало соленое, то солить картошку практически не надо. Если не очень соленое, то ее можно немножко подсолить. Все кораблики выставляются на противень один к одному эдаким флотом и задвигаются в горячую духовку. Сало, тая, капает на картошку, и по кухне распространяется небывалый аромат. Кусочки сала истончаются, делаются прозрачными, но не исчезают. Кораблики готовы минут через 30. Впрочем, это зависит от температуры, сорта картошки. Не забывайте поглядывать в духовку — и вы все увидите сами. Картошка зарумянится, паруса станут прозрачными, запах «скажет»: «Пора!».

Теперь бутербродики с селедкой. Кажется, чего уж проще? Нет, вы сначала обжарьте в тостере тонкие кусочки черного хлеба, затем разрежьте каждый кусочек на четыре части, затем положите на каждый кусочек кружок вареного яйца, сверху — кусочек селедки, а под конец — колечко репчатого лука.

Ну, что вам хочется под такой бутербродик? Правильно! И на этот случай на стол идет водка «под шубой». Сделать ее несложно. Возьмите высокую кастрюлю, налейте в нее воды, в центр поставьте бутылку водки и отправьте все это в морозилку. Проделать это надо заранее. Когда вода в кастрюле замерзнет, выньте все это и облейте кастрюлю снаружи теплой водой. Вся ледяная форма вместе с бутылкой водки посередине отойдет от стенок кастрюли. И тут ее можно аккуратно вынуть вместе с бутылкой и подать к столу. Это и есть водка «под шубой». Во всяком случае, температурный режим напитка сохранится надолго. Очень рекомендую как первое, так и второе вместе с третьим!

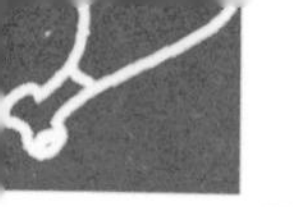

Николай БАНДУРИН и Михаил УШАКОВ

Николай Бандурин и Михаил Ушаков — куплетисты и частушечники — явились на кухню непосредственно с музыкальными инструментами. Скучно не будет, подумал я. Так и вышло. Между песнями, частушками и народными припевками была приготовлена так называемая «Курица в банке».

Исходные продукты для курицы в банке:
курица; чеснок; соль.

Исходные продукты для соуса:
томатная паста; сметана; чеснок; соль.

КУРИЦА В БАНКЕ

Для начала ребята разрезали курицу на небольшие куски, после чего почистили довольно большое количество чеснока. Далее была взята трехлитровая банка, ошпарена кипятком, видимо, одновременно для чистоты и для того, чтобы потом в духовке она не треснула. Слоями в банку укладывались куски курицы, выдавливался чеснокодавилкой чеснок, сыпалась соль. После того как все было уложено, банку поставили в духовку, нагретую до температуры 200°С, и опять принялись за частушки. Минут через 40 курица была готова. Блюдо особенно хорошо тем, что при желании его можно тут же закатать и отставить в консервированном виде на долгие годы. Если терпения нет никакого и хочется курицу съесть немедленно, к ней прилагается следующий соус.

Томатная паста смешивается со сметаной в равных пропорциях, туда добавляется давленый чеснок, соль.

Такая вот незатейливая курочка в банке. Под частушки.

Анатолий РОМАШИН

Анатолий Ромашин пришел ко мне на кухню с рецептом мяса по-французски. Штука непростая, недешевая и многодельная. Но если хватит денег, времени и терпения, в финале не пожалеете.

МЯСО ПО-ФРАНЦУЗСКИ

***Исходные продукты:* говядина; оливковое масло; специи (карри, гвоздика, перец); шампиньоны; репчатый лук; красное вино; сметана; сыр; мука; сахар; соль; зелень.**

Итак, по порядку. Следите внимательно. Берется говяжье мясо, желательно вырезка. Его нужно освободить от прожилок, пленок — одним словом, предварительно приготовить. После чего нарезать на порционные куски и высушить полотенцем. Далее следует капнуть на руки оливкового масла и натереть им каждый кусочек. Добавляем специи: карри, гвоздику, перец и перемешиваем мясо с этими специями теми же руками. Режем шампиньоны и репчатый лук. На плиту ставится две кастрюли. В одну вливается бутылка красного вина и кладется гвоздика, в другую кастрюлю наливается сметана. На сковородке обжариваем мелко нарезанный лук и шампиньоны. Натираем на терке сыр. И еще на одной сковородке — чистой и сухой — обжаривается мука для соуса. Муку нужно обжарить без масла до изменения цвета с белого на слегка коричневатый, но ни в коем случае не на коричневый. В разогретую сметану кладем обжаренные грибы и лук. Не солим, соль добавляется в кон-

це. Все происходит на медленном-медленном огне. Чисто французское колдовство! Теперь обжаренную муку ссыпаем в наш соус, туда же добавляем ложку масла, ложку сахару и, наконец, соль. Это и есть соус. Мясо обжаривается на чистой сухой сковородке, затем перекладывается в кастрюлю с вином и варится до готовности. Если это вырезка, то особенно долго варить не надо. По готовности мясо тоже следует посолить. Блюдо это, как утверждает Анатолий Ромашин, едят двумя способами. Или из вина вынимается мясо, заливается соусом, посыпается свежей зеленью, или — это рекомендуют французы, будучи большими экономами,— есть это мясо вместе с бульоном. Я думаю, в нашей стране вполне может прижиться второй способ. Все-таки жалко бутылки красного! Однако если вы выловите оттуда мясо шумовкой, зальете сметанным соусом, сверху посыплете зеленью, а потом тертым сыром, вы поймете: все ваши усилия, а также деньги и время потрачены не даром. Если уж очень неймется, бульон потом допьете отдельно.
Удачи вам!

Надежда ЧЕПРАГА

Надежда Чепрага привезла из своей родной Молдавии интересный рецепт приготовления голубцов в виноградных листьях. По-молдавски, кажется, это называется «сармани». Если не ошибаюсь, то похожее блюдо в Армении называется «долма», а очень похожие штуки существуют в Иране. Несколько раз приходилось мне восхищаться этим блюдом, но самому готовить не доводилось ни разу. Поэтому я вошел в роль ученика и не выходил из нее на протяжении всей передачи.

ГОЛУБЦЫ

Исходные продукты:
говядина; свинина; лук; морковь; растительное масло; укроп; петрушка; соль; перец; рис; виноградные листья; сметана.

Первым делом для голубцов готовится начинка. Берется равное количество говяжьего и свиного мяса и мелко режется. Заметьте: именно мелко режется, а не проворачивается через мясорубку. Так же мелко мы режем лук; морковь натираем на крупной терке. На сковородке в растительном масле обжариваем мясо, сначала на сильном огне, а потом на слабом. После того как мясо изменило цвет, добавляем в него морковь, мелко нарезанные помидоры, немного тушим, добавляем лук, укроп и петрушку. Еще через некоторое время засыпаем соль и перец (по вкусу, разумеется). Рис промывается в пяти-десяти водах, ошпаривается кипятком и оставляется на 10—15 минут. Крупные виноградные листья (если, конечно, у вас есть возможность выйти за дверь и сорвать крупные виноградные листья) моются и завариваются горячей водой. На обратную сторону виноградного листа укладывается начинка, т. е. наше мясо, перемешанное с рисом. Особое искусство состоит в том, чтобы свер-

нуть из виноградного листа маленький голубец, да таким образом, чтобы он не развалился в процессе варки. У меня это получилось далеко не сразу. Мне трудно вам будет объяснить словами, как это делается. Лучше попробуйте. Раз на пятнадцатый-двадцатый обязательно получится. В общем, если говорить совсем грубо, то это технология сворачивания трубочки, совмещенная с технологией складывания конвертика. Примерно так.

Итак, наши маленькие голубцы мы укладываем в ту же воду, в которой заваривались наши виноградные листья, сверху накрываем оставшимися листьями и все это кипит на огне 30—40 минут. Затем голубцы надо аккуратно выложить на блюдо, полить сметаной, посыпать зеленью и подать к столу.

Очень рекомендую это чудо, в особенности тем, у кого непосредственно за дверью растут виноградные листья.

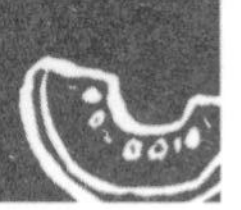

Евгений МАРГУЛИС

Женя Маргулис, которому в жизни, насколько я знаю, готовкой заниматься не приходится в силу наличия у него замечательной хозяйственной жены, тем не менее принес сразу два рецепта. Первый из них напомнил мне годы нашей бесшабашной и не очень обеспеченной молодости. Это супчик из плавленного сырка.

СУП ИЗ ПЛАВЛЕННОГО СЫРКА

Исходные продукты:
репчатый лук;
растительное масло;
морковь; картофель;
плавленный сыр;
манка или вермишель;
соль; перец; зелень.

Итак, берем полголовки репчатого лука и мелко режем. Сковородку ставим на огонь и обжариваем лук до золотистого цвета. Чистим и режем морковь и обжариваем ее отдельно. Она должна изменить свой цвет до ярко-оранжевого. В кастрюлю наливаем 1 литр воды, добавляем одну картошечку, нарезанную кубиками, и ставим варить. Как только картошка готова, закладываем в кастрюлю лук и морковь, варим еще 3 минуты и теперь — самое главное — закладываем плавленный сыр, натертый на крупной терке. Он должен раствориться. Маргулис рекомендует желающим добавить манки или вермишели. Я бы этого не стал делать, этот супчик должен быть легким. Добавляем соль, перец и — если есть — зелень. Суп готов.

Простенько и со вкусом!

Во второй части своего «выступления» Женя рассказал, как сварить бывшие в употреблении струны бас-гитары для того, чтобы они зазвучали, как

новые. Действительно, в давние годы, когда нам казалось, что если к тебе и попадал новый комплект струн, то это на всю жизнь, мы пользовались таким варварским методом для продления их жизни и соответственно звучания. Но, поскольку данный рецепт к кулинарии непосредственного отношения не имеет, я его с легкой совестью пропускаю. Кстати, если кому-нибудь интересно, кто придумал такое замечательное название для моей передачи, знайте — это не я, это тот же Женя Маргулис. За что спасибо ему большое!

Олег МИТЯЕВ и Константин ТАРАСОВ

Честно говоря, так популярная у нас в народе авторская песня все-таки, в силу исторических обстоятельств, ассоциируется у меня с походами, костром и соответственно походной пищей. Так что от двух мастеров этого жанра — Олега Митяева и Константина Тарасова — я ожидал чего-то вроде вермишели с тушенкой. Отстал я, оказывается, от жизни! За несколько прошедших лет отечественная авторская песня уверенно шагнула по миру, и, в частности, Олег Митяев и Константин Тарасов недавно и уже не в первый раз возвратились с гастролей по Африке, где, как утверждают, были приняты «на ура». Они привезли два способа приготовления бананов. Поскольку банан за последнее время перестал быть в нашей жизни экзотикой, делюсь этими секретами с вами.

Исходные продукты для пирожка:
бананы — 6 шт; сливочное масло — 125 г; сахар — 3 ст. л.; яйца — 2 шт; кефир — 2 ст. л.; мука — 250 г; сода — 1 ч. л.; грецкие орехи.
Исходные продукты для закуски:
бананы; сок лимона.

БАНАНОВЫЙ ПИРОЖОК

Итак, рецепт номер один. Берем шесть штук мягких бананов — таких, у которых шкурка уже в черных пятнах и есть их неприятно, потому что состояние их практически перешло в кашеобразное. Лишаем их кожуры и разминаем руками. Если хотите, можете добавить сюда грецкие орехи, тоже перетертые руками. Далее в кастрюльку кладем 125 грамм сливочного масла и 3 столовые ложки сахара, разогреваем и перемешиваем. В отдельной тарелке перемешиваем 2 яйца с 2 столовыми ложками кефира или кислого молока, теперь все это соединяем, добавляем 250 грамм муки и чайную ложку соды. Даю вам точное количество каждого продукта, что, в общем-то, против моих правил, но это на самый первый случай. Потом будете делать на глазок и от сердца. Итак, полученное тесто тщательно перемешиваем, выливаем в тефлоновую посуду, посыпанную мукой. Плита разогревается до 180°, банановый пирожок выпекается 35—40 минут.

АФРИКАНСКАЯ ЗАКУСКА ПОД КОНЬЯК

Блюдо номер два — африканская закуска под коньяк. Те бананы, которые еще не испортились, а, может быть, даже и те, которые чуть-чуть не дозрели, прямо в кожуре заворачиваем в фольгу и на 20 минут кладем в духовку. Затем вынимаем, разворачиваем фольгу, сверху аккуратно снимаем полоску кожуры, острым ножом надрезаем банан и поливаем соком лимона. Вот этим делом, по утверждению Олега Митяева и Константина Тарасова, почем зря закусывают коньяк в Африке. Попробуйте, что ли!

Григорий ГЛАДКОВ

Композитор Григорий Гладков, автор бессмертной «Пластилиновой вороны», поделился со мной рецептом экзотического десерта, который он назвал естественно «Пластилиновая ворона». Действительно, было бы странно, если бы он назвал его как-нибудь иначе.

ДЕСЕРТ «ПЛАСТИЛИНОВАЯ ВОРОНА»

Если вы решитесь приготовить «Пластилиновую ворону», вам потребуется вовсе не пластилин, а коньяк, молоко, яйцо, сахар и мука. Для начала один стакан молока доводится на плите до кипения, далее полстакана сахарного песка смешивается с желтками яйца (с одним или двумя,

это уж решайте сами) и взбивается миксером. В принципе, можно взбивать и венчиком, и даже чайной ложкой. (В данном случае под рукой оказался миксер.) После того как желтки взбиты, добавляем туда 3 столовые ложки муки и взбиваем снова. Нужно добиться хорошего, воздушного состояния крема. Как только вам кажется, что это состояние достигнуто, добавляем в крем некоторое количество холодного молока. Опять взбиваем, а теперь вливаем кипящее молоко (и не перестанем взбивать!). После того как крем остыл до комнатной температуры, добавляем в него полстакана коньяка и перемешиваем в последний раз. Между прочим, при всем моем спокойном отношении к десертам, неплохая вещь.

Исходные продукты:
коньяк; молоко; яйцо; сахар; мука; фрукты.

Георгий ТЕРИКОВ

Мало кто знает в лицо драматурга и автора юмористических рассказов Георгия Терикова, но каждому из нас хорошо знакомы его произведения в исполнении наших самых известных, выступающих на сцене юмористов. Жалко, что у нас не принято на эстраде «злоупотреблять» именами авторов.

ЧАХОХБИЛИ

Вот вам рецепт чахохбили. Рецепт абсолютно простой и, что важно, абсолютно подлинный. А то говорят — чахохбили, чахохбили, а спросишь: «А как готовить?» — чешут в затылке.

Исходные продукты:
курица;
сливочное масло;
томатный соус; уксус;
красный портвейн;
лук; соль; перец;
куриный бульон;
кинза.

Моем курицу, рубим ее на мелкие кусочки с косточками, естественно. Далее берем большую сковородку, кладем в нее щедрый кусок сливочного масла, ждем, пока масло разойдется, после чего обжариваем в нем курицу. Как только масло станет прозрачным, это значит, что из курицы ушла лишняя влага, и она обжарилась. Далее нам потребуются: томатный соус, чайная ложка уксуса, полстакана красного портвейна, лук, соль, перец и стакан куриного бульона. Закладываем все в сковородку, перемешиваем, чуть позже заливаем бульон, закрываем крышкой и оставляем на слабом огне на полтора часа. Для финального аккорда можно мелко нарезать свежую кинзу и посыпать ею готовое блюдо уже при подаче на стол.

Вот это и будет настоящее чахохбили.

Александр БАРЫКИН

Ветеран вокально-инструментальной сцены Александр Барыкин, которого я знаю сто лет и от которого никаких кулинарных сюрпризов не ожидал, показал способ приготовления блюда, которое я видел впервые. Меня, честно вам скажу, удивить довольно сложно. Это блюдо из картошки, которое Барыкин назвал «Ежики в тумане». Делается до невероятного просто, результат же превосходит все ожидания.

«ЕЖИКИ В ТУМАНЕ» ПО-БАРЫКИНСКИ

Итак, следуйте за нами. Чистим картошку и трем ее на крупной терке. Заметьте: на крупной. Мелко рубим несколько долек чеснока, добавляем в картошку, солим, кладем муку по ощущению, разогреваем на сковородке растительное масло; консистенция картошки с мукой должна быть такой, чтобы из нее лепились небольшие шарики. Как только вы убедились в том, что эти шарики у вас получаются, тут же лепите их и

кладите на сковородку в разогретое растительное масло. Жарятся они очень быстро, не надо их пересушивать, чтобы они напоминали чипсы из целлофановых пакетов. Эти ежики хороши уже сами по себе, но если хотите следовать рецепту Александра Барыкина до конца, то тогда пожарьте на другой сковородке отдельно по одному яйцу, на каждую тарелку положите половинку помидора, жареное яйцо, несколько ежиков и посыпьте сверху рубленой зеленью. Вот это будут «Ежики в тумане по-барыкински». Мне понравилось.

Исходные продукты:
картофель; чеснок; мука; растительное масло; яйца; помидоры; зелень.

О МЯСЕ

Сразу предупреждаю — я не отношу себя к вегетарианцам. И красиво зажаренный кусок мяса — говоря международным языком «стейк» — вызывает у меня самые светлые чувства.

Между прочим, хорошо зажарить кусок мяса, при кажущейся простоте — великое искусство. Ибо продукт этот должен отвечать массе требований. И прежде всего быть мягким и сочным. Для этого следует не ошибиться в выборе мяса.

Лучшая часть, которую практически невозможно испортить — это, безусловно, вырезка. Многие думают (а продавцы их в этом не разубеждают) что вырезка — это мясо без костей. Это, увы, не совсем так. Вырезка — это действительно мясо, лишенное костей, но при этом из совершенно определенной части скотины. Она расположена двумя полосками вдоль хребта. Видимо, природа распорядилась таким образом, что на эти мышцы не приходится никаких нагрузок, и поэтому это самая нежная часть зверя. Беда только в том, что часть эта очень небольшая (в корове ее, например, всего около четырех килограммов) и соответственно не самая дешевая.

Далее идут непосредственно отбивные (они же — корейка) — мясо, расположенное под основанием ребер. Несмотря на название, отбивать их как раз не надо — они и так хороши для жарки. Правда, чтобы получить порционные отбивные (толщиной 1,5—2 см), нужен топорик вместе с мясником — позвоночник ножом не возьмешь. Далее следуют разнообразные филейные части по мере убывания их качества.

Совсем недавно я с изумлением узнал, что парное мясо (т. е. самое свежее) для настоящего стейка не очень подходит — оно, оказывается, должно полежать в состоянии «охлажденки» несколько дней, по-моему до трех недель. Что-то с ним за это время происходит. Так что не настаивайте, чтобы корову кончали на ваших глазах.

Как правильно выбрать мясо? Что касается узнавания нужных вам частей — без азов анатомии вам не обойтись (впрочем, это не так сложно). А вот что касается качества — есть несколько элементарных способов не отравиться. Во-первых, восстановите в себе остатки свойств, заложенных природой — понюхайте его. Это самый верный способ — нос не обманет. Если у вас насморк — потрогайте его. Свежее мясо не будет склизким и влажным, и если надавить на него пальцем, вмятинки оставаться не должно. Если и потрогать не получается — попробуйте определить качество на цвет. Мясо не должно быть с отливом в синеву или белесым. Словом, свежее мясо должно быть красивым.

Переходим на кухню. Если ваше мясо было замороженным — не вздумайте оттаивать его с помощью горячей воды, лучше выбросьте сразу. Лучше всего разморозить мясо, заранее переложив его из морозилки в холодильник. И вообще чем медленнее идет этот процесс, тем лучше. Теперь — сковорода. Она должна быть толстой и сухой (я предпочитаю чугунную). Накалите ее до стадии, когда брошенная на нее капелька воды не растечется по поверхности, а будет кататься по ней шариком. Посыпьте мясо солью и перцем и смело кладите на сковородку. Без всякого масла! Мясо прилипнет только если сковорода недогрета или плохо вымыта. А дыма бояться не надо — все-таки не вышиванием занимаемся. Две-три минуты на одной стороне, потом столько же на другой (свинину из медицинских соображений следует прожаривать получше). Теперь положите на мясо сверху маленький кусочек сливочного масла и переверните его еще раз, предварительно убавив огонь. И снова — пару минут на одном боку, столько же на другом. Впрочем, если вы не любите мясо с кровью — подержите подольше. И последнее — есть это следует сразу. Остывания с последующим разогревом это блюдо не вынесет (как и большинство нормальных блюд).

Если вы все это проделали и у вас ничего не получилось — у вас что-то не то или с плитой, или с руками.

СОДЕРЖАНИЕ

P. S. Готовится к печати следующий выпуск «СМАК. Встречи на кухне».

Смак